일원상 서원문

이 밖에서 구하지 말게

원불교출판사

서 문

말을 글로 옮긴다는 것처럼 어려운 일이 없습니다. 더욱이 보통 사람들의 말이 아니라 진리를 담고 있는 법설이라면 더욱 그렇습니다.

사실 시타원 심익순 법사님께서 현직에 계시면서 활기차게 교화를 펼치시던 19년 전, 설법집 발간을 청했을 때는 말도 못 꺼내게 하셔서 그 생각을 접었었습니다.

그런데, 시타원 법사님을 모시고 부교무로 살았던 동정수 교무가 그 동안 설법하신 테이프를 모아 놓고 설법집 발간을 준비를 해오던 차 여러 가지 진행상 어려움을 토로하기에 제가 그 일을 자청했습니다.

사실 시타원 법사님은 제가 전무출신을 하는데 추천교무로서 인연이 있기에 그 책무를 느껴서이기도 했습니다.

일원상 서원문으로 설법하신 녹음테이프 15개를 녹취해서 정리하였더니 상당한 분량이었습니다. 그러나, 책으로서 격을 갖추려니 퇴고를 할 수밖에 없었고 그 과정에서 일부 내용이 줄었습니다.

초판을 발행할 때, 제 지혜가 일천해서 법사님의 본의와 다르게 전하여 법사님께 누가 되지 않을지 염려를 하였습니다. 더욱이 발간 당시 법사님의 시력이 좋지 않아서 글을 보실 수 없는 데다 건강상 장시간 듣고 앉아 계실 수도 없는 사정이어서 낱낱이 친감(親鑑)하지 못한 상태에서 발간한다는 부담도 있었습니다.

나름대로 최선을 다했기에 부끄러움은 없었지만, 그래도 부득이 엮은이로서 책임을 내세웠었습니다. 다행히 많은 독자들께서 지적을 해주시어 바로 잡을 수 있었습니다. 이 분들께 진심으로 감사드립니다.

여기에 수록한 일원상 서원문 법문은 5년 전 미국 시카고교당에 계시면서 설법하신 법문이 많은 분량을 차지하고 있어서 처음에 「시카고에 핀 一圓花」로 제목을 정하였다가, 「일원상 서원문」이 부각되었으면 좋겠다는 주위 의견이 있어서 「일원상 서원문, 이 밖에서 구하지 말게」로 바꾸었습니다. 이는 법사님께서 설법 중에 일관되게 강조하신 말씀이기도 합니다.

이 책에는 서울교당과 여의도교당에 재직하실 때 하신 법문도 함께 담겨 있습니다.

기획 단계에서 일원상 서원문의 법설 중 빠진 부분을 보충해서 발간했으면 좋겠다는 의견도 있었지만, 법사님의 건강이 여의치 않은데다 뒤이어 발간할 설법집에서 그 부분이 채워지고 있기에 아쉬운 대로 엮게 되었습니다.

여러분들의 성원에 힘입어 이 책에 이어 ≪일원상, 달을 가리키는 손가락≫, ≪성리 · 천도 · 인과, 보따리는 챙겼는가≫, ≪산 너머 산이요 물 건너 물이라≫를 발간하여 전 4권을 완간하게 되었습니다.

아무쪼록 이 설법집이 우리 각자의 지혜를 밝히고 대종사께서 만 중생을 위해 펼치신 일원대도가 널리 드러나게 하는 자양분이 되기를 기원합니다.

끝으로, 이 책을 엮어내기까지 테이프 등 관련 자료를 모아주신 교무님과 교도님, 일일이 녹취하는데 수고해 주신 교무님과 예비교무와 교도님 그리고 교정을 맡아주신 인연 있는 교무님들께 감사합니다.

탈고를 하고 보니 법신불 사은님의 은혜가 참으로 무량합니다.

원기 92년(2007) 10월 30일

엮은이 나상호 합장

차 례

일원상 서원문

일원은 언어도단(言語道斷)의 입정처(入定處)이요, 유무초월의 생사문(生死門)인 바, 천지·부모·동포·법률의 본원이요, 제불·조사·범부·중생의 성품으로 능이성 유상(能以成有常)하고 능이성 무상(無常)하여 유상으로 보면 상주 불멸로 여여 자연(如如自然)하여 무량세계를 전개하였고, 무상으로 보면 우주의 성·주·괴·공(成住壞空)과 만물의 생·로·병·사(生老病死)와 사생(四生)의 심신 작용을 따라 육도(六途)로 변화를 시켜 혹은 진급으로 혹은 강급으로 혹은 은생어해(恩生於害)로 혹은 해생어은(害生於恩)으로 이와 같이 무량세계를 전개하였나니, 우리 어리석은 중생은 이 법신불 일원상을 체 받아서 심신을 원만하게 수호하는 공부를 하며, 또는 사리를 원만하게 아는 공부를 하며, 또는 심신을 원만하게 사용하는 공부를 지성으로 하여 진급이 되고 은혜는 입을지언정, 강급이 되고 해독은 입지 아니하기로써 일원의 위력을 얻도록 까지 서원하고 일원의 체성(體性)에 합하도록 까지 서원함.

큰 원을 세워야 합니다

만 중생의 빛, 일원상 서원문

대종사님께서 이 법을 펴신 후 익산총부를 건설하시고 제자들에게 「수양연구요론」, 「통치조단규약」을 가르치다가 원기 17년부터「육대요령」을 만들어 가르치기 시작하셨습니다.

육대요령이란 정신의 삼강령인 정신수양, 사리연구, 작업취사와 육신의 삼강령인 의식주(衣食住)를 합한 것을 말합니다. 대종사님은 이 법문을 사시장춘(四時長春) 하셨습니다. 대종사님 재세 시에는 대중들 중에 글을 모르는 사람들이 있으니까 이것을 가지고 늘 법문 하셨습니다. 「사은사요」라든지 「재가의 요법」이라든지 이런 법문들은 누가 결혼을 한다든지 하면 그때 해주신 법문들입니다.

일원상도 원기 20년에야 대각전(법당)에 모시기 시작했습니다. 당시 대중들이 무식하니 그 큰 법을 알아들으려면 얼마나 어려웠겠습니까. 여러분같이 학력이 높은 사람들도 일원상에 대해서 잘 못알아 듣는데 그때 어떻게 알아들었겠어요. 그렇게 못 알아들으니까 법당에 일원상도 안 모시고 육대요령만 가지고 선을 나고 공부를 하고 그랬습니다.

일제 치하, 익산 총부에서 상주하며 불법연구회(원불교의 전신)를 감시하던 순사 황가봉 씨가 어떻게든 대종사님의 흠을 잡아야 되니까 졸졸 따라다녔습니다. 그런데, 그 사람이 결국 대종사님께 감복이 돼 나중에는 제자가 되어서 '이천(二天)' 이라는 법명까지 받았지요.

한번은 어떤 집에서 생일을 한다기에 황이천 씨가 따라 갔답니다. 그런데, 그때는 초창기니까 구불교 처럼 독경 같은 것이 없어서 전부 입정만 하고 앉아 있었답니다. 그 모습을 보고 있던 황이천 씨가 답답해서 말을 했답니다. 황이천 씨 뿐이었겠어요? 다른 제자들도 고했겠지요.

"대종사님, 우리도 구불교 처럼 읽는 게 있으면 좋겠습니다. 이런 데 와서 기도할 때 읽을 수 있는 것 말입니다."

대종사님께서 "그래? 그럼 만들어야지." 하시고는 일원상 서원문을 호롱불 밑에서 밤이 깊도록 만드셨다고 합니다.

그런데 여러분, 대종사님께서 음부경을 읽으셨나요, 천부경을 읽으셨나요. 그렇게 세세곡절 읽지 않으셨어도 그 원리가 이 일원상 서원문 안에 전부 다 들어 있습니다.

지난번에 교당에 초상이 나서 산에 갔는데 덕산 김덕권 교도님이 "반야심경은 하지 말고 일원상 서원문만 합시다." 그래요. 그래서 제가 "그럽시다." 그랬습니다.

반야심경을 처음부터 읽어보면 안이비설신의 육근과 십이인연법으로 해놓은 겁니다. 색성향미촉법 하니까 무슨 말인지 모르시겠죠.

색(色)은 뭡니까? 눈으로 보는 것 아닙니까? 성(聲)은 귀로 듣는 것이죠. 비(鼻)는 코로 냄새를 맡는 것입니다.

이렇게 반야심경은 안이비설신의 육근, 십이 인연, 사제로 구성되어 있습니다.

그런데, 일원상 법어에 보면 우리 대종사님께서는 그 안이비설신의를 일일이 원으로 그려서 눈으로 볼 때도 원만구족하고 지공무사하게 봐라, 코로 냄새를 맡을 때도 원만구족하고 지공무사하게 쓰라고 하셨습니다.

이 밖에서 구할 것이 없습니다

여러분, 일원상 서원문 밖에서 더 구할 것이 없어요. 진리가 이 속에 다 들어 있습니다.

그래서 우리는 '서원(誓願)'이라고 합니다. 보통 사람들은 희망 혹은 소원(所願)이라고 하지 서원이라고 하지 않지요. 서원이라는 말은 보살들이 하는 말입니다. 그래서 사홍서원(四弘誓願)이 나오고 그랬지요.

중생무변서원도(衆生無邊誓願度), 이것도 사홍서원 중 하나입니다. 바로 보살의 원이지요. 이 서원이라는 것은 소원을 전부 통일한 것입니다.

안중근 의사의 원은 나라를 찾는 것이었습니다. 그 분은 그 원을 이루기 위해 당신 목숨을 걸고 이 나라를 찬탈한 이토히로부미를 쏘아 죽였잖아요.

우리가 원을 세우는데 흥청망청 살아서는 아무 것도 안됩니다.

우리가 왜 수도를 합니까? 수도(修道)란 도를 닦는다는 것인데 도(道)가 무엇이냐 하면 우리 마음을 닦는다는 것입니다. 마음을 닦는데 어떻게 닦느냐 하면 삼학 팔조로 그 마음에 끼어 있는 모든 경계와 모든 것을 다 가라앉히고 내버려서 본래 나를 회복하는 것입니다.

오늘 아침에 들은 이야기인데, 어떤 교도가 회색 법복을 자꾸 해달라고 한답니다. 재가 교도는 원래 흰 것을 입고 출가 교도는 회색을 입기로 되어 있거든요.

제가 수년 전, ○○교당에 처음 부임했는데 교도 중 20여명이 법사니까 다 법락을 두르고 있어요. 그런데, 어떤 할머니가 이 법락을 갖고 싶어서 원이에요. 그래서 제가 하나 주려고 하니 할머니 법사들이 법이 아니라고 반대를 했습니다. 그래서 내가 "선물로 주지, 법으로 주나요." 그랬죠. 대산 종법사님도 원불교 하루도 안 다닌 김영삼 씨에게도 주고 노태우 씨에게도 주고 김대중 씨에게도 주고 그러셨잖아요. 그게 법으로 줬나요. 선물로 줬지.

그래서 나도 그 할머니에게 법락을 법이 아니라 선물로 줬습니다. 그러면서 한 마디 했어요. 큰 원을 세우라고요.

큰 원이 있으면 흔들리지 않습니다

우리가 하나의 원이 있으면 마음이 흔들리지 않습니다.

사람이 가진 것이 많다고 해서 안 흔들리고 가진 것이 없다고 해서 흔들리고 하는 게 아닙니다.

어제 어떤 결혼한 신부가 왔기에 절약하는 방법을 가르쳐 줬습니다.

"네가 앞으로 한 10년 후에 집을 장만하기 위해 기초를 닦으려면 원을 세우고 절약을 해라. 그렇게 원을 세우면 신 김치 하나도 내버릴 수가 없다."고 그랬습니다.

절약 이야기를 하다보니 하고 싶은 말이 있네요.

여러분, 돈이 좀 있으면 자식들 앞에서 자랑하지 말고 살아야 돼요. 잘못하면 아들딸들이 거꾸로 걸어갑니다. '우리 집 부자다.' 이런 마음이 들어가면 어떻게 하겠어요.

금생에 가진 것이 넉넉하다고 마음대로 쓰면 내생에 빈천보를 받는데 어떻게 할 것입니까?

제가 서울교당에 있을 때 교도회장이 중심이 돼서 승용차를 한 대 사줬습니다. 교구에 교무들이 모이면 제가 나이가 제일 많은데 교당 봉고차를 타고 가면 차를 댈 데가 없어서 애를 먹으니까 교도들이 보기가 딱했던가 봐요. 그런데, 제가 여의도 교당으로 이임해오려니까 저더러 차를 가져가래요. 그래서 제가 "그것 유지하느라고 드는 비용이면 택시 타고도 남는데 그것을 내가 왜 가져가나."하고 안 가져왔습니다.

원을 세운 사람은 있다고 헐렁헐렁 쓰고, 없다고 헐렁헐렁 안 쓰는 게 아닙니다.

하물며 우리가 보살 되고 부처 되려면 큰 원을 세워야 합니다.

일원상 서원문 끝에 "진급이 되고 은혜는 입을지언정 강급이 되고 해독은 입지 아니하기로써 일원의 위력을 얻도록 까지 서원하고 일원의 체성에 합하도록 까지 서원함" 이라고 되어 있습니다.

진급이 되려면 어떻게 해야 하겠습니까? 우리가 다 보살의 원을 세우고 살아야 합니다.

어떻게 하면 내가 진리에 빚이 안 되고 살아갈 것인가를 염두에 두어야 합니다.

우리가 어떻게 살아야 진급이 될 것인가. 그 길을 가르쳐 준 법문이 바로 이 일원상 서원문입니다.

그런데, 일원상을 왜 믿나요?

일원상은 순환하는 거지요. 돌고 도는 진리입니다. 부자로 살다가도 가난해지고, 가난하게 살다가도 부자로 됩니다. 이것도 심신작용 따라서 그렇게 됩니다. 그냥 가만히 있어도 뱅뱅 도는 게 아니고 심신작용을 따라서 그렇게 되는 것입니다.

원(願)도 도에 맞게 세워야 합니다

오늘은 서원을 가지고 계속 얘기를 하네요.

가난뱅이도 부자 되는 원을 간절히 세우고 살면 '남 죽 먹을 때 밥은 먹을 수가 있다.'고 했습니다. 그런데 부자 되는 원도 도에 맞게 세워야 합니다.

해방 후, 우리는 죽도 못 먹어서 정산 종사님까지 굶고 그러시는 때인데 우리 교단에서는 해방이 되니까 해외에서 살다가 온 귀환동포들을 위한 구호사업을 펼쳤습니다.

팔타원 대호법님 얘기를 들으면, 구호사업을 마무리하고 난 그때는 우리가 하자는 대로 다 할 수 있었답니다. 지금 서울역 앞에 연세대학에서 지은 큰 빌딩 자리가 중국 사람인가 일본 사람의 식당이었답니다. 팔타원 님은 그것을 달라고 했으면 좋겠는데 정산 종사님이 도장을 안 찍어 줬답니다. 그리고 지금 남산 예술인교당 옆에 있는 호텔 자리도 불하 받을 수가 있었는데, 정산 종사님께서 "아기가 짐을 너무 많이 지면 못 일어선다. 욕심 너무 내지 마라." 하셨답니다.

원불교는 이렇게 이소성대 정신으로 이룬 불사입니다.

여러분이 원(願) 하나를 잘 세워야 진급되는 공부를 하지 이

원이 없는 사람은 그렇게 살지 못합니다

우리가 조금 더 나은 생활을 하려면 더 아끼고 저축해야 됩니다. 더욱이 종교생활 하는 사람은 내생 준비까지 해야 합니다.

법관이 되려고 고시공부를 하는 사람들을 보니까 죽기 살기로 합니다. 사법고시 합격하는데도 그런데 불보살이 되고자 원을 세운 우리는 말할 나위가 없지요.

대통령도 그래요. 그렇게 욕 얻어먹는 대통령 자리 끝나고 나면 총 맞아 죽든지 끌어내지든지 아니면 형무소로 가든지 하던데, 그 대통령도 서로 하려고 난리입니다. 그것도 5년밖에 못하지만, 그것도 하려고 몇 십 년을 노력해요.

그런데, 우리는 영생을 놓고 불보살 성현이 되겠다고 원을 세웠지만, 그것도 못 이루고 죽어요.

보살의 원은 여러분들이 알죠?

'중생무변서원도(衆生無邊誓願度)'라. 여기서 중생무변이라는 게 뭡니까. 끝도 시작도 없는 세상에 가득한 중생들을 제도하라는 말도 맞지만, 먼저 내 마음에 있는 중생을 제도하라는 말입니다. 사홍서원은 남한테 하는 말이 아닙니다. 나한테 하는 말입니다.

우리가 자심 중생이라는 말을 하는데, 우리 각자의 자심(自心)에 있는 중생이란, 미망심(迷妄心), 사미심(邪迷心), 광망심(狂妄心), 불선심(不善心), 질투심(嫉妬心), 악독심(惡毒心) 등을 말합니다.

그 다음에는 '번뇌무진서원단(煩惱無盡誓願斷)' 인데, 번뇌 끊기를 서원해라 그 말입니다. 날마다 내 마음에서 무슨 번뇌 망상이 일어나는지 보세요. 끝도 시작도 없습니다.

완도 어디에선가 전복 뒤에다가 구멍을 내서 상처를 입힌 뒤, 거기에 뭘 박아놓고 4년쯤 지내고 나니까 제법 큰 진주가 생기는 것을 TV에서 본 일이 있습니다. 전복에 상처를 입히면 그 전복이 상처 때문에 아프니까 늘 침을 바른답니다. 우리도 아프면 침을 바르잖아요. 침을 발라서 그렇게 몇 년 되면 진주가 되는 것이지요.

그런데, 사람들은 상처가 나면 건드리지 말라고 합니다. 상처를 자꾸 건드려야 진주가 되는데 건드리지 말라고 해요. 그것은 그 상처 하나를 자기가 다스릴 수 없어서 그런 겁니다.

사람들이 자기 상처 입은 것에 침을 발라서 잘 나아 진주를 만들어 낼 자격이 있어요? 상처 나면 복수부터 하려고 작정하죠. '내가 출세해서 기어이 복수한다.' 하며 악을 품습니다. 진주를 만드는 게 아니라 악을 품는단 말이지요.

어떤 어머니가 개가를 하는데 애들이 졸졸졸 따라오면서 '엄마 엄마' 하니까 따라오지 말라고 돌멩이를 던졌답니다. 그런데, 그 애들 3형제가 장성해서 다 출세를 했어요. 자기 엄마가 늙고 병드니 어떻게 했겠어요.

못된 인간은 그렇습니다. 제비는 구해 주면 박씨를 물어다 줘서 부자가 되지만 사람은 구원해 놓으면 배반을 해버려요. 그래서 사람이 조개만도 못하다고 한답니다. 조개는 상처를 입혀놓으면 진주를 만들어 놓는데, 우리 인간은 그 상처를 갖고 두고 보자 그러고 있습니다. 그것을 거울삼아서 내가 잘되려는 생각은 하지 않아요.

내가 아는 교도 한 분이 시집을 오니까 전처 딸이 둘이나 있더랍니다. 그런데, 그 딸한테 잘하면 잘해준다고 이상하게 생각하고 잘못하면 계모라서 잘못한다고 탓해요. 이 교도가 아주 영리해서 이 아이들을 원불교 전무출신(성직자)이 되게 하려고 공을 들였습니다. 결국, 전무출신 하고 나니까 그 아이들이 부모 보은의 이치를 알았거든요. 그러니 세상에 제일 가는 자기 어머니로 하늘같이 모시는 겁니다.

나한테 막히고 얽힌 인연이 있거든 원불교에다 인도를 시켜 보세요. 그래서 그 사람이 마음이 풀어져서 감사하는 생각이 나올 수 있도록 해주면 나한테 복수를 안 할 뿐 아니라, 그 사람도 진급을 하는 것입니다. 이게 보살도입니다. 나한테 잘못한 사람은 어떻게 공을 들이든지 원불교로 입교를 시켜서 마음 공부를 하게 만들어야 합니다.

어제도 어떤 교도가 와서 말하기를 자기 마음 가운데 부모와 형제에 대한 서운한 마음이 있었답니다. 생각만 해도 열이 확 나는 그런 일이 있었는데 원불교에 와서 "전부 네가 짓고 네가 받느니라." 라는 말씀을 듣고 다 풀어져버렸답니다.

이게 다 번뇌무진서원단입니다.

대종사님께서 나이 40이 되면 죽어 가는 보따리를 챙기라고 했습니다.

우리 공부하는 사람들 뿐 아니라, 사업도 마찬가지이고, 모든 것이 다 그렇습니다. 나이 40이 넘으면 내가 일생을 어떻게 살았나, 뭘 버려야 되겠나, 뭘 챙겨야 될 거냐 반성하며 차근차근 자기 내실을 다져야 됩니다.

사람이 병이 들어서도 잠이 안 오지만, 번뇌라는 것이 들어 있어도 잠이 안 옵니다. 온갖 것을 경영하려니 잠이 안 올 수 밖에요. 이게 번뇌 망상입니다.

그러면 우리가 이것을 어떻게 제도를 할 것인가. 마음 가운데 일어나는 사견, 번뇌, 우치 그것을 정견(正見, 바로 보는 것)으로 제도해야 합니다. 만약 바른 것이 무엇인지 모르면 반야지 즉, 지혜를 들이대라고 했습니다.

대종사께서 어머니가 돌아가시게 생겨서 길룡리에 가셨습니다. 주머니에 돈이 들어 있었는데 사탕을 하나 사드릴까 하다가 "내가 어머니한테 사탕을 하나 사드렸다가 어머니가 나한테 애착을 가지면 어쩔거나." 걱정이 되어 그냥 가셨답니다.

여러분, 사(邪)와 정(正)을 구분합니까. 구분을 못한다는 것은 어떻게 하는 것이 옳은 일인지 그른 일인지 판단을 못한다는 것입니다.

지난번에 4단 단회를 부모은 중 보은 조목으로 했어요.

부모 보은 조목을 보면 첫째가 "인생의 요도와 공부의 요도를 유루 없이 밟을 것이요."

둘째가 "늙고 병들고 어찌할 수 없을 경우에 심지의 안락과 육체의 봉양을 드리라." 하는 말씀이 있습니다. 그런데, 이것으로 토론이 벌어졌습니다.

대종사님 살아 계실 때, 다들 한집에서 살 때예요. 그러니 우리 전무출신들이 얼마나 토론을 했겠습니까?

"늙었지만 병이 안 들었으면 봉양을 안 해도 되나." 그런 말도 나왔겠지요.

그때 대종사님께서 말씀하셨어요. "12살에 장가간 뒤, 30살 먹어 아들 장가보내고 나서 겉늙어 가지고 자기는 방에 앉아서 아무 일도 안 하면서 담뱃대 들고 두드리며 이래라 저래라 하는 세상이 되면 그런 세상은 망한다. 자기가 할 수 있는 데까지는 자기 힘으로 해라." 이것이 자력양성입니다. 부모가 늙고 병들고 어찌할 수 없을 경우에 부모 봉양을 해라 그 말씀입니다.

그렇다고 해서 보살 될 사람들이 자기 어머니, 아버지를 박대하라는 것은 아니죠.

젊은 시어머니가 며느리하고 한집에 살면서 싸우는 것은 며느리가 없어도 살 수 있으니까 그런 겁니다. 그러나 늙고 병들어 며느리 없이는 못살 정도가 되면 그때는 안 싸웁니다. 그때는 우리 어머니가 변했다고 그러지요. "내가 시집올 때는 힘들게 하더니만 막내며느리한테는 안 그런다."

그때는 기운이 없어서 막내며느리한테는 시집살이를 시킬 수가 없어요.

이렇듯 법을 이대로 뒀다가는 안 된다 해서 그렇게 하신 것입니다.

법이라는 것은 아주 정사(正邪)를 잘 구분해야 됩니다.

어제는 무주 용담댐에 대해 뉴스가 나오는데, 이 겨울에 수몰지역에 국화꽃이 피었답니다. 사람들을 이주시키는 과정에서 논은 얼마 주고, 밭은 얼마 주고, 닭 키우는 데는 얼마 주고, 표고버섯 하는 데는 얼마 주고, 꽃 재배하는 데는 얼마 준다고 하니까 보상금을 더 타려고 동네 꽃 뿐 아니라, 외지 꽃까지 옮겨다가 논에다 심어놓은 겁니다.

그렇게 법을 내면 안돼요. 이렇게 정과 사를 구분한다는 게 진리에 바탕하지 않고는 참 힘든 일입니다.

거지 하나가 총부에 와서 "복 좀 지으시오." 하니까 어떤 선생님이 "당신이 내게 복 줄 능력 있나. 복 지으라고 하게." 그랬답니다. 거지가 복 줄 능력 있어요?

대종사님께서는 차라리 병들고 사족을 못 쓰는 사람을 도와줄지언정 제 힘으로도 할 수 있는데 손 내미는 멀쩡한 사람을 도와주면, 그 사람이 부지런해야 될 길을 막았기 때문에 죄가 된다고 하셨습니다.

여러분들, 정과 사를 어떻게 구분할 것입니까?

그 다음에 '법문무량서원학(法門無量誓願學)' 이지요. 법문이 한량없으니 다 배워라.

그리고 '불도무상서원성(佛道無上誓願成)'.

여러분들이 내가 꼭 부처가 되어야겠다는 원을 세워야 합니다. 내가 대종사님이나 정산 종사님이라면 지금 어떤 마음을 가져야 되겠는가 생각해보세요.

내가 금년에 죽음에 대해서 몇 달을 연구했습니다.

내가 지금 죽으면 어떻게 할 거냐. 죽으면 어디로 갈 거냐. 내가 죽을 때 어떤 마음을 가질 것이냐.

내가 처음에 말했듯이 수도란 중생심, 번뇌심을 다 없애고 흰 백짓장을 만들자는 것입니다. 하얀 헝겊에 물을 들여보는 것과 검은 헝겊에다 물을 들여보는 것 중 어떤 게 물이 잘 들까요. 하얀 헝겊에는 어떤 물이든지 금세 들어버리지요. 그와 같이 내 마음에 번뇌 망상이나 오욕 칠정이 다 떨어진 흰 바탕이 되면 내가 서원하는 대로 됩니다. 내생도 내가 서원하는 대로 됩니다.

그러나, 시커먼 헝겊에는 아무리 물을 들여 봐야 이게 무엇인지 구분을 할 수 없습니다.

옛날에 원님들이 절을 한 바퀴 쭉 시찰을 해보고 선(禪)하는 사람이 많이 있으면 "앞으로 이 나라가 괜찮겠다." 하고, 선하는 사람이 없으면 "앞으로 이 나라가 큰일이다."고 했답니다. 수도하는 사람들은 내생에 훌륭한 정치인이나 나라에 큰 인물로 태어납니다. 큰 인물이 되려면 마음 공부를 안 하면 안 됩니다.

정산 종사께서 앞으로 대통령은 서로 안 하려고 할 거라고 하셨답니다.

옛날 요임금 시대 순임금 시대에 그랬다고 하잖아요.

허유라는 사람이 인격을 잘 갖추고 있는데, 요임금이 임금님 자리를 주려고 "네가 내 대신 임금 했으면 좋겠다." 하니 "무엇이 잘못되었습니까?" 하고 여쭸답니다.

그랬더니, "아니. 백성들이 다 자기 덕으로 잘 사는 줄 알고 있다."고 그러더랍니다. 자기 덕으로 잘 사는 세상이 좋은 세상입니다. 임금님이 잘 해줘서 우리가 잘 산다거나 임금님이 잘못해서 이 나라를 망쳤다고 한다면 이것은 잘못된 세상입니다.

허유는 임금님이 그러니까 냇가에 가서 안 들을 말 들었다며 귀를 씻었어요. 소 한 마리가 그 아래에서 물을 먹고 있으니까 "소야, 그 물 더러우니 먹지 마라."며 소를 잡아당겼어요. 이렇게 서로 안 하려는 그런 세상을 일러 '요순(堯舜) 세상'이라고 합니다.

지금은 어떤 세상입니까? 서로 높은 자리 올라가려고 난리를 치고 그런데 마음공부 하는 사람 같으면 그것 줘도 하겠어요? 원불교처럼 무아봉공 하라고 하면 올라가겠습니까? 서로 안 하려고 합니다.

일원은 언어도단의 입정처이요

장님에게 흰색을 가르쳐주는 도리

어떤 사람이 뱃속에서 나올 때부터 장님이었습니다. 이 장님한테 흰색에 대해 알려주려는데 도저히 못 알아들으니까 흰눈을 갖다 줬답니다.

그랬더니 "차디차네." 하기에 이번에는 소금을 갖다 주니까 "부시럭부시럭 하네." 그러더랍니다. 다음에는 흰 강아지를 갖다 주니까 "복실복실 하네."하고, 하얀 천을 갖다 주니까 "보들보들 하네." 하더랍니다.

여러분 장님한테 흰색을 어떻게 설명을 하겠어요? 한번 가르쳐 보세요. 못 가르쳐주지요?

그 이치가 이 공부를 하면 알아집니다.

제가 통영에 있을 때 어떤 교도님이 항상 4월 28일이라든지 명절 때가 되면 유모차에다 큰 화분을 싣고 왔습니다. 그리고 꽃이 지면 또 바꿔 놓고 가져가요. 교당에서 교무가 화분에 물을 주고 키우는데, 그것에 신경 쓸 여가가 어디 있냐는 것입니다. 이 법으로 교도들 잘 가르치는데 주력해야 하니까 이건 내가 갖다 키워서 꽃피면 가져온다는 겁니다. 그 분 집에 배가 많아서 소문난 부자였거든요.

그 교도님이 그렇게 심성을 쓰기 시작한 것은 원불교 들어오면서 부터였습니다. 전에는 얼마나 도도하던지 양산을 쓰고 지나가면서 고기장수 같은 사람은 쳐다보지도 않았답니다. 그런데, 원불교 들어오면서부터는 생선장사를 보고 "아이들 먹여 살리느라고 얼마나 수고하느냐."고 하니까 사람들이 달리 봐요. 그 사람 남편도 원불교를 잘 모르는데 당신 부인이 처신하는 것을 보면서 원불교를 알았습니다.

교전만 봐도 좋아서 펄쩍펄쩍 뛰는 사람

여러분, 원불교 교전만 보면 좋아서 펄쩍펄쩍 뛰는 사람이 있습니다.

강원도 화천에 이화진 씨라는 사람이 서울 제기동교당(현 안암교당)에 다니는 자기 친척집에 왔답니다. 그런데 책꽂이에 교전이 꽂혀 있으니까 그것을 빼서 보니 너무 좋거든요. 그래서 세상에 이렇게 좋은 책이 있냐면서 교전 스무 권을 사 가지고 갔답니다. 그렇게 해서 화천에 교당을 하나 세운 것입니다.

그 뒤, 교무가 파견되어서 왔는데 교도가 하나도 안 와요.

"한 사람도 안 오는데요?" 그랬더니 "가만히 있어 보세요. 한 20일 지나면 짠하고 올 거요." 그러더랍니다.

그 사람이 하루에 꼭 세 번씩 교당에 다녔습니다. 어떤 날은 다섯 번을 다녔답니다. 그러면서 시장에 순창 사람들이 오면, 순창고추장 만드는 방법을 쫓아다니며 배웠어요.

전라도 사람들은 김치를 담글 때, 고추를 갈아서 넣는데, 화천은 그냥 썰어서 하더라고요. 그리고 화천은 김치를 조금씩 담는답니다. 화진 씨는 교무가 오면 전라도에 살던 교무가 올 테니 장독부터 사다 놓아야 되겠다는 것입니다.

그런데, 남편이 당신 원불교 믿으면 안 된다고 하니까. "내가 원불교 믿어 가지고 잘못된 게 있나요. 동서가 다섯 명인데, 내가 옷 한번 해 입으면 그 동서 다섯 명 똑같이 옷을 해 입히고 하는데, 무엇을 어떻게 잘못하는데요." 하며 남편을 설득했답니다.

그렇게 해서 그 집 친정 조카딸도 둘이 전무출신 했고 내가 알기로 본인 자녀도 서너 사람이 전무출신을 했습니다. 자녀를 전무출신 시킬 정도까지 된 것이지요.

내가 교도들을 가만히 보면 자녀를 전무출신 시킬 정도로 신심이 나는 사람이 몇 명이나 되는지 모르겠어요. 아까워서 원불교에 못 내놓겠지요? 권해보기는 했나요?

그 조카딸이 부교무로 저와 통영 등지에서 9년을 함께 살았습니다. 통영에 있을 때, 하루는 교도들이 제사를 지내고 고기니 반찬이니 싣고 오니까 그 부교무가 말하기를 "선생님, 이상하네요. 우리 고모는 제사 지내기 전에 교당부터 먼저 갖다 주던데 여기 분들은 왜 제사 다 지내고 식은 음식을 갖다 주나요." 그래요.

여러분, 자녀들한테 그것이 눈에 보이게 할 수 있어요? 그러니 그 딸 뿐 아니라, 조카딸들까지 원불교 교무님이 이 세상에서 제일 높은 줄 알고 다 전무출신을 한 것입니다.

또 전주에서 한국관이란 큰 음식점을 운영하던 여자 한 사람이 교전을 보더니 "이거다. 내가 평생 이것을 실천하려고 해도 못했는데 바로 이거다." 하고는 원불교에 쫓아 왔어요. 금세 알고 싶은 게 많으니까 교당에 와서 교무님한테 일원상을 가리키며, "이게 무엇입니까?" 하고 물어봐요.

그때, 교무님이 아팠거든요. 그 사람이 너무 궁금하니까 쉬지도 않고 많은 것을 묻는 거예요. 그러니까 교무님이 "아, 차근차근 알아갑시다. 이제 들어온 사람이 그렇게 알고 싶은 것이 많나요." 그래도 그 교도님은 "아, 그래도 알아야 믿을 것 아닙니까." 그러는 거예요.

결국 나하고 조금 관련이 되니까 찾아 왔어요. 도대체 이게 (일원상) 뭐냐고 물어요. 그래서 하나하나 가르쳐 줬죠.

여러분, 대종사님 십상을 꼭 외우셔야 합니다.

제가 그 분한테 "대종사님이 태어나서 처음에 구름 보고 달 보고 의심이 나서 구도하다가 마침내 대각을 했다. 대각을 하시고 보니까 이 자리를 알았다."고 설명을 해줬습니다. 그랬더니 "이제 대체(大體)는 알겠네요." 하면서 영산성지에 가보자고 그래요. 그래서 얼마 있다가 정토회원들이 길룡리로 차를 한 대 타고 봉사활동 간다고 하기에 교무한테 말을 해서 이 사람 좀 데리고 가자고 그랬어요. 나도 따라갔죠.

그런데, 길룡리에 내리자마자 다른 사람은 호미로 풀을 매기 시작하는데 이 사람은 그것도 안하고 정관평 논부터 둘러보더니 "이 농사 누가 다 지었어요?" 하고 물어요.

"학생들이 지었소."

"학생들이 이 산골에서 뭘 보고 배워서 앞으로 교도들을 가르치겠어요." 하며 의아해 하기에 "그런 것을 심어서 학생들이 다 매서 팔기도 하고 살림까지 한다."고 했지요.

그랬더니 "그래서는 안 됩니다." 그러더라고요. 그래서 제가 "노동을 시키는 것은 대종사님 뜻입니다." 그랬지요.

그런데, 이 분이 전주비빔밥 장수를 해요. 비빔밥 한 그릇이 2,500원인데 마을금고에다 매일 2,500원을 넣어서 7년이 되어야 이앙기 한 대를 살 수 있답니다. 이 분이 마을금고에서 대출을 받아서 이앙기를 샀는데 내가 가만히 생각해 보니까 트랙터도 있어야 돼요. 심기만 하면 되나요? 베고, 타작도 해야지. 타작만 하면 어떻게 되겠어요. 또 말려야지. 건조기도 사야겠어요.

내가 동전주교당에서 나오면서 봉공회에 기금을 모아놓고 나왔는데, 그 돈까지 함께 해서 트랙터도 사고 건조기도 샀어요.

건조기, 트랙터를 사니까 또 창고를 지어야 돼요. 많기도 해요. 그것을 다 그 여자교도가 머리를 써 가지고 했는데 그것만 한 줄 알아요? 5남매 중 4남매를 원불교에 내놓았어요. 신심이 그 정도는 되어야 하지 않겠어요?

여러분들은 자녀 하나도 못 내놓지요?

왜, 아이들이 말을 안 듣는다고요? 그것 다 거짓말입니다. 권해보지도 않고 부모 말을 안 듣는다고 하는 말은 나는 거짓말 같아요. 엄마들이 자식들 뭐 하나 시키려고 도시락 싸 가지고 다니며 공을 들이는데 그렇게까지 공들이면 안 될까요? 학원 보낸다고 애를 달달 볶아대는데 그렇게 볶아대도 안 될까요? 안 해봤지요.

아무리 생각을 해봐도 원불교 같은 종교가 없습니다.

극락은 어디인가

여러분들 반야심경 첫줄을 한번 읽어보세요.

'관자재보살 행심반야바라밀다시 조견오온개공 도일체고액(觀自在菩薩 行深般若波羅蜜多時 照見五蘊皆空 度一切苦厄)'이라 했습니다.

반야는 지혜인데 지혜 광명으로 보니까 오온이 다 개공이고 오온이 다 공한 것을 보니까 이렇게 고액을 뛰어 넘었어요. 고통이라는 게 이 세상에 하나도 없다 이 말입니다.

일원은 언어도단의 입정처인데, 고통이 어디에 있을 것 같습니까?

어떤 서울대학생이 원불교 전무출신 하겠다고 졸업하고 왔습니다. 대구 사람인데 얼마 전에 자기 엄마가 돌아가셨다고 그래요. 그 젊은이가 좌선을 한번 해보니까 이렇게 좋은 세상이 어디 있겠나 싶더랍니다. 여러분, 그런 세상이 있는 줄 알아요?

입정처(入定處)에 한번 들어가 보세요. 세상 살아가려니까 벌어야지 가르쳐야지 먹어야지 고통스럽지요? 그런데, 좌선을 잘하고 나면 세상에 모든 고통을 싹 일소하는 것 아닙니까. 그게 바로 극락생활(極樂生活)입니다.

극락이라는 것은 모든 고통도 다 떠나고 낙도 끝난 자리입니다. 우리가 이것이 낙이다 하면 고가 따라붙습니다. 그것은 상대성입니다. 여러분들이 유(有) 자리는 잘 알 것입니다. 그런데 유(有)하면 무(無)라는 상대가 있어요. 그것을 생각하고 무하면 절대 무인가요, 그냥 무인가요. 상대성이 있는 것은 틀린 것입니다.

극락생활을 수용해라 하는데, 극락생활이란 고(苦)는 이미 다 떠났고 낙(樂)도 끝난 자리예요. 그 자리에는 고도 낙도 없습니다.

입정처에 들어가면 세상 모든 고통이 다 일소가 되어버리는데, 그보다 더 좋은 일이 어디 있겠습니까?

제가 한번은 부산 보화당한의원에 갔는데 주차장에서 싸움이 났어요. 싸우는 와중에 신발을 집어 던져서 보화당 여자 교무님 얼굴에 맞아 다치고 그랬는데 막 상스런 욕을 해대요. 그 때, 욕이 오고가는 소리를 듣고 깨쳐 버렸어요.

경봉 스님이 쓰신 책 중 '야반삼경(夜半三更)에 대문 빗장을 만져 보거라' 라는 책이 있었어요. 그것이 무슨 뜻으로 그랬는지 몰랐는데, 그 욕하는 소리를 듣고 '아, 그 소리다.' 하고 깨쳐버렸습니다.

여러분들이 늘 마음을 비우고 진리를 탐구하고 그러면 세상사람들이 욕하는 속에서도 진리를 깨달을 수 있습니다.

그래서 언어도단의 입정처라는 그 자리에 들어가면 조견오온개공 즉, 오온이 다 공한 자리인데 그 오온이 개공한 것을 보면 도일체고액입니다. 즉, 고액을 떠나버리는 자리예요.

고통스럽거든 禪을 하세요

그러니 고통스러우면 선을 하세요. 선을 해서 들어가는 언어도단의 입정처는 그것이 없는 자리입니다. 그래서 스님들이 선한다고 자꾸 깊은 산중으로 들어가는데 대종사님은 그렇게 하라고 안 했습니다. 그 자리를 봤으면 선악이 없는 자리에 그쳐 있으라고 하셨지요.

지난번에 내가 눈 속에 금싸라기가 들어가나 모래가 들어가나 똑같다고 했잖아요.

우리 마음 가운데 '선(善)' 하면 벌써 악(惡)이라는 게 따라붙어요. 그러니까 고통스러워요. 나는 선한데 저 사람이 악을 행하면 꼴 보기가 싫고 저 사람에게서 떠나고 싶고 그렇거든요.

내가 아침에 좌선하면서 선도 없고 악도 없는 자리를 봤다고 해봐요. 그러면 그것을 가지고 일상생활을 하는 것입니다. 일상생활을 할 때 고통스러우면 아침에 좌선하는 그 입정처 자리로 들어가 버려요. 또 좋아서 죽게 생겼어도 그 자리로 들어가 버려요. 오온이 좋은 것이 있으면 나쁜 것이 따라와 버려요. 언제든지 상대성이 있다는 것입니다. 상대성을 초월한 자리로 들어와 보세요. 얼마나 즐겁고 편안한데요. 그보다 더 좋은 게 없습니다.

총부 원로원에 가면 상산 박장식 종사님이 계십니다. 이 어른이 경성제대 법대(현 서울법대)를 나온 분입니다. 어머니가 만석꾼 부인인데 회갑이 되셨습니다. 상산 종사 어머니께서 회갑잔치를 호곡 박씨들하고 다른 데서 하려고 생각하다가 '아, 내가 총부에 가서 회갑 잔치를 하면 우리 자식들을 제도하겠다.' 하고 맘을 먹은 거예요. 대종사님 살아 계실 때니까요.

총부에서 회갑 잔치를 하니 아들딸들이 다 따라왔어요. 박장식 법사도 그 때 대종사님을 뵙고 전무출신을 할 생각을 한 것입니다. 딸 둘도 시집을 갔는데, 큰딸은 딸만 넷 나으니까 남편 장가보내고 자기는 나오고 둘째딸은 '두타원' 이라고 지금 고문국 씨네 형수뻘 되는 분입니다. 그 분은 창평 고씨네 집에 시집가서 전부 제도해서 그 고씨 집안이 법사가 일곱 명이나 돼요. 그 어머니가 머리 한번 잘 써서 자식을 전무출신 시켰을 뿐 아니라, 자손들 중에 조금 낫다 싶은 사람은 다 원불교 전무출신 해서 수십 명이나 됩니다. 그 할머니가 친척들 다 데리고 와서 총부에서 회갑식을 한 게 교화 목적에서 한 것입니다.

언어도단의 입정처 맛을 보세요

여러분들이 언어도단의 입정처 맛을 한번 보세요. 우리가 법회 때 입정한다고 하는데 5분도 채 안되지요. 그래서 입정하겠습니까? 5분 해 가지고 어지럽고 산란한 마음이 완전히 가라앉던가요?

여러분들이 숭늉을 떠다가 윗목에 놓고 아침에 보세요. 다 가라앉아요. 그럼, 얼굴이 환하게 보이죠? 입정이란 이를테면 그런 것입니다.

들에 가서 모심을 때, 논을 갈고 나면 전부 구정물이 됩니다. 그런데 저기 위에서 찬물이 조금 들어와요. 그럼 차차 그 물이 자서 논에 구정물이 다 가라 앉아버리지요. 가라앉히라는 말이 그 말입니다. 산란하고 어지럽던 마음을 가라앉히면 세상이 환하게 보이니 혼돈 안 하겠지요. 전부다 혼돈을 해서 시끄러운 것입니다.

잘 하면 제대로 보이는데 어떻게 혼돈이 되겠어요. 그래서 오온이 개공한 자리를 맛 한번 보면 세상살이 할 사람이 어디 있어요? 다 도망가서 산으로 들어가 버리지. 누가 그 무거운 것 지고 세상살이를 하겠습니까. 그러니 서울대학생도 선 한번 하고 전무출신 해버리지.

절에 가면 일주문이라는 문이 있습니다. 문 없이 기둥 한 개씩 양쪽으로 일자로 되어있는 문이 일주문이라는 것입니다. 기독교에서 하느님을 찾지만 절에 가면 하느님이 부처님 문지기입니다. 무슨 말인지 알아들어요? 동서남북을 지키는 하느님이 거기에서 문 지키고 있잖아요. 그 일주문이 바로 입정처에 들어가는 길입니다.

일주문에 들어갈 때는 입차문래(入此門來)에 막존지혜(莫存智慧)라. 이 문 속에 들어갈 때에는 자기가 아는 지혜를 다 내버려라. 그 속에 가지고 들어가지 마라. 거기는 그것이 들어가는 데가 아니다 이 말입니다.

부처님 앉아있는 데가 바로 대적광전(大寂光殿) 아니에요? 대적의 '적(寂)'은 입정처 라는 말입니다. 거기에 들어가면서 자기가 아는 이런저런 것 들고 가면 어떻게 되겠습니까? 그래서 아무리 자기가 부자고 고귀한 사람이라도 절에 가서는 다 평등이 되어버려요.

팔타원 님 사위가 말하기를 자기가 장가올 때 보니까 서울에서 유지는 원불교 다니더랍니다. 그때, 고종황제는 전화번호도 0번 차도 0번인데, 팔타원 님 영감님은 차도 1번 전화번호도 1번 그랬답니다. 이화장도 이대통령 살아있을 때, 7년에 걸쳐 지었답니다. 그런데 이 대통령이 집이 없으니 "당신이 여기 사시오." 하고 줘버렸답니다. 팔타원 님이 그런 분입니다.

내가 서울교당에서 살 때 마당 가운데 8평이 팔타원 님 명의로 되어있어요. 그게 얼마나 비싼 땅입니까? 8평이지만 인수인계 했어요. 팔타원 님이 지금은 부자가 아니거든요. 그 분이 그렇게 많은 사업을 했지만 한 번도 내가 어쨌느니 하는 법이 없어요.

팔타원님이 교단 1대(원기36년) 내에 사업을 한 것이 은행 두 개 설치할 돈이라고 합니다. 얼마가 들어야 은행 하나를 만드는지 모르지만 그렇게 많이 한 분인데, 그 어른이 원평에 배밭 내놓은 것을 기억하고 있는 거예요. 그것을 왜 기억하고 있나 하고 의아했는데 해마다 매년 배를 수확해서 보낸 것 같아요. 그러니까 그것만 기억하고 있지요.

한번은 양산 법사님이 오니 차비 하라고 5만 원을 주니까 "지금 제 나이가 70이 훨씬 넘었는데 아직도 차비를 주시냐"고 그러면서 "제가 화해리교당 가니까 교당 유지답도 법사님이 사 놓으셨더군요." 하니까, "아, 그렇던가?" 그러시더랍니다.

정읍 북면 화해리는 대종사님과 정산 종사께서 만난 자리이거든요.

팔타원 법사님 당신은 너무 많이 해서 하나도 기억을 못해요. 그렇게 기억 못하는 게 얼마나 좋아요. 내가 이거 했네 저거 했네 하는 것보다 잊어버리는 게 훨씬 더 좋죠.

그래서 입정처란 자기가 좋은 일을 했다는 것은 물론 나쁜 일을 했다는 것도 다 놓아버린 자리입니다.

제가 시골 교당에 있을 때, 방에 쥐가 들어왔는데 쥐를 잡기 위해서 사람들이 난리가 났어요. 그래서 내가 구멍을 내놓고 거기에 포대를 대고 있을 테니까 그리 쫓으라고 했습니다. 쥐들이 그 구멍으로 다 들어왔는데, 세어 보니까 28마리였습니다. 그거 지금도 안 잊어버립니다. 그런 일은 잊어버려야 되는데. 지금도 쥐만 보면 그 생각이 납니다.

그런데 이 입정처에 들어가라는 말은 내가 잘못한 것 잘한 것, 선악은 물론하고 다 잊어버리라는 것입니다.

입차문래에 막존지혜 해라. 내가 알고 있는 것은 다 잊어버려라. 이 교당에 들어오면 다 잊어버려라. 그리고 평소에도 '내가 세상을 위해서 이웃을 위해서 형제간을 위해서 부모를 위해서 동네를 위해서 이렇게 했는데 나를 대접을 안 해줘.' 이런 생각을 잊어버려야 살지 그렇지 않으면 지옥생활을 하는 것입니다. 그러니 일단 입정처에 들어가려면 다 없애버려야 합니다.

삼처전심(三處傳心)

부처님의 삼처전심이 있어요. 부처님이 세 군데에서 법을 전했는데 그것은 부처님의 말이 아니고 부처님 뜻입니다. 선문(禪門)입니다.

팔만대장경, 부처님 말씀은 교문(敎門)이지요. 교도들을 가르치기 위해서 말을 한 것이라 교문이라고 합니다. 그러나, 삼처즉, 세 군데에서 법을 전한 것은 부처님 뜻입니다.

먼저, 영산회상거염화(靈山會上擧拈花)입니다.

영산회상에서 꽃을 들었지요?

성가에 '영산회상 봄소식이 다시 와.' 하는 가사가 있는데 여기에서 영산은 '영축산' 이라는 말입니다.

꽃가지를 들었는데 그 자리를 말로 하면 안돼요. 언어도단의 입정처인데 어떻게 말을 하겠습니까. 그러니까 꽃가지를 든 것입니다. 그런데, 부처님을 따라 다니는 사람이 천오백 명 아닙니까. 그 사람들은 부처님이 이리 가도 따라가고 저리 가도 따라다녀요. 그 중에 가섭이라는 제자가 미소를 지었지요. 그래서 "내 법을 가섭에게 전한다."고 한 것입니다.

부처님 문하의 가섭존자는 원래 자기 신도를 한 삼벽 명 데리고 있다가 부처님한테 귀의한 사람인데 그 분이 부처님 뜻을 안 것입니다. 무슨 뜻으로 꽃가지를 들었다는 것은 언어도단의 입정처인데 말로 어떻게 하겠어요.

내가 지금 언어도단의 입정처를 말하지만 그 다음에 나오는 천지 부모 동포 법률의 본원이요, 제불 조사 범부 중생의 성품이 다 합쳐진 말입니다. 그것들이 전부 다 하나로 통한다는 말입니다. 그것까지 지금 말씀 드리는 것입니다.

부처님이 꽃가지를 드니까 그 소식을 아무도 모르는데 가섭존자 하나만 빙긋이 웃은 것은 무슨 뜻인지 아니까 그런 것입니다.

일전에 어떤 교도님이 나한테 물어요.

"선생님, 조폭이 무엇인지 아세요?"

"몰라."

여러분, '조폭'이란 소리가 무엇인지 아세요? 아는 사람은 웃네요. '조직폭력배'라는 소리랍니다. 이렇게 알고 웃는다 그 말입니다.

그 다음에는 다자탑전분반좌(多子塔前分半座)입니다.

부처님은 항상 여기 앉아 있잖아요. 당신이 혼자 대중을 바라보고 법좌를 하고 앉아 있습니다. 제자 중에 아란존자는 일곱 집 동냥을 다니는데 부잣집만 찾아다니고 가섭존자는 밥도 못 먹는 가난한 집만 찾아다니는 것입니다. 그것은 조금이라도 복을 지어서 내생에 잘 살라고 그런 것입니다.

부처님이 물었습니다.

"아란아, 너는 왜 잘 사는 집만 찾아다니느냐?"

"자꾸 복을 지어야 내생에도 또 잘 살지요."

아난과 가섭의 사상이 그렇게 달라요. 가섭존자는 늘 그렇게 변두리로 아침밥을 얻으러 다니니까 늦어요. 그래서 대중이 와서 다 앉고 나면 가섭존자가 나타납니다. 오죽하면 그 '다랑이 보시'라고 있는데, 그것도 가섭존자가 했어요.

한 부부가 굴속에서 옷을 벗고 고쟁이 하나만 가지고 사는데, 남편이 어디로 나가면 그것 둘러 입고 나갔다가 들어오는 사이 여자는 홀딱 벗고 앉아 있고, 또 여자가 어디로 나가면서 그것을 둘러 입고 나가면 남자가 홀딱 벗고 앉아 있고 해서 그렇게 옷은 딱 하나 뿐이었답니다.

나는 그게 무슨 소린가 했더니 인도에 한번 가보세요. 남자들이 보자기 하나만 둘러 가지고 다녀요. 안에 것은 다 보여. 가섭존자가 그 굴속을 들여다보고 밖에 걸치고 다니는 옷 한 개 그것도 내놓으라고 해서 얻어 가지고 왔어요.

그러면 그 집은 그날 저녁부터 못나가니 굶어죽잖아요. 그러니까 부처님이 그 보자기를 보고 그 사람 왕이 될 것이라며 칭찬을 해요. 사람들이 왜 그러냐고 물었죠. 그 자리에는 왕들도 여러 사람들이 법회 보러 왔던가 봐요.

부처님이 말씀하셨어요.

"왕 당신이 이 나라를 다 내놓은 것하고, 그 사람이 하나밖에 없는 다리게 옷 내놓은 것하고 무엇이 다르냐. 그 사람은 오늘 저녁부터 얻어먹으러 못나가서 굶어 죽어. 그러니 만석꾼이 만석 다 내놓은 것하고, 국왕이 나라를 다 내놓은 것하고, 가리개 그 옷 하나 있는 것 내놓은 것하고 어떻게 차이가 나는가?"

부처님이 어찌나 전륜성왕이 된다고 칭찬을 하니까 거기에 있던 왕 한 분이 옷 하나를 가져가서 입혀 가지고 궁전에 데리고 가서 살렸답니다.

가섭존자가 그렇게 가난한 집만 돌아다니면서 동냥을 하다가 늦게 들어오니까 부처님이 이리 오라고 했어요. 그러니까 가섭존자가 아무 말도 않고 부처님 옆자리에 가서 앉아요.

그 뜻을 모르는 다른 사람은 "아이고 부처님, 저는 여기 앉을게요." 그럴 텐데, 가섭존자는 아무 말도 안하고 그 옆에 가서 앉은 것입니다. 그래서 내 법을 가섭한테 두 번째 전한다 그 소식입니다.

분반좌 이야기를 했는데 무슨 뜻일까요.

일원상 서원문에 '제불조사 범부중생의 성품'이라고 되어 있잖아요.

여기는 부처와 중생이라는 것도 없는 자리입니다. 그 자리는 부처도 중생도 없는 자리라, 똑같은 자리입니다. 그러니까 부처님 자리에 내가 반쯤 앉냐 어떠냐 할 것도 없는 것입니다. 너나 나나 똑같은 자리니까 평등자리이지요. 이제 알겠어요? 분반좌는 평등자리입니다.

여러분, 그 의자는 똑같은 자리 아니에요? 그렇지만 그 자리에서 일어나면 또 천층만층입니다. 사는 것도 가지각색이고요. 하지만, 의자에 앉아 있을 때는 같은 자리예요. 부처님이나 저나 가섭이나 똑같다는 뜻입니다. 분반좌라는 것은 바로 그 뜻입니다. 부처님 자리가 따로 있고 신도들이 앉는 자리가 따로 있는 게 아니라는 평등자리를 가르쳐준 뜻입니다.

그 다음에 사라쌍수 곽시쌍부(沙羅雙樹槨示雙趺)입니다.

가섭존자가 돌아다니다가 늦게 오니 부처님께서 이미 돌아가셨거든요. 그래서 슬피 울고 있으니까 관 속에서 발 두 개가 쑥 나왔습니다. 그러니 가섭존자가 울다가 뚝 그쳐버렸어요.

관 속에서 발이 두 개가 쑥 나왔다는 것은 무슨 뜻일까요?

"죽으면 또 온다." 생사문이라는 게 있잖아요.

다리가 한 개면 다리가 하나니까 정(靜) 자리를 말한 건데 다리가 두 개니까 움직이는 것(動) 아닙니까? 죽은 게 아니고 또 태어난다 그 말입니다. 발이 두 개니까 왔다 갔다 한다는 것이지요.

제불조사 범부중생의 성품자리. 그것은 부처도 중생도 없는 똑같은 자리이다. 그러니 죽었다고 울 것도 아니다. 또 온다. 이제 알겠어요?

아픈 것도 맞은 사람이 얼마만큼 아픈지 알잖아요.

마찬가지에요. 본인이 체득을 해야 합니다. 이 자리는 체득하지 않고서는 모릅니다.

달마대사는 단외, 신이 한 짝입니다. 발이 하나 뿐인데, '그 자리가 뭐요.' 하고 물어보면 뭐라고 대답할 것입니까?

그림을 보면, '언어도단이다' 란 말도 안 가르쳐 줬어요.

기뻐서 눈물 나는 일원상 서원문

저는 일원상 서원문을 보면 너무 기쁩니다.

엊그제 어디에서 전화가 왔는데 "선생님, 요즘 제가 너무 기뻐서 눈물이 난다."고 그래요.

그 분은 이 교리를 남한테 막힘없이 설명을 할 사람입니다. 그래서 왜 그러냐고 물어봤더니 천지은에 천지 피은의 조목을 읽고, 그전에 안 것과 지금 안 것이 너무나 틀리다는 걸 알았다는 것입니다. 그 후로 길을 가도 눈물이 나서 울고 다닌답니다. 대종사님이 너무너무 고마워서요. 그 사람이 그 이치를 체득을 해서 그런 것입니다.

저도 발을 다쳐서 누워있는데 교도님들이 와서 "선생님, 얼마나 아파요."하고 걱정을 합니다. 그러면 제가 속으로 그러지요.

'저 사람이 여기까지 걸어오면서 땅의 고마움을 알았는가.'

땅 없이 어떻게 다니겠어요? 차가 있어도, 비행기가 있어도 못 다니죠. 비행기도 땅에서 굴러야 올라가니까. 여러분, 고맙다고 생각해요?

대종사님께서 일원의 진리를 원으로 그리셨습니다.

만약에 이렇게 안 그려놓고서 '공(空)이요, 원(圓)이요, 정(正)이요.' 하면 여러분이 어떻게 체득하겠어요?

세계지도를 그려놓은 사람이 있으니 세계가 어떻게 생겼는지 알지요.

그와 같이, 진리를 표현하지 않고 "도가 뭐냐?"고 물을 때, 몽둥이로 두드려 패기나 하고, 차나 홀짝홀짝 마시고 있으면 어떻게 하겠어요?

어느 선사가 마음을 가르쳐 달라니까 네가 손으로 움직일 때는 손에 있고 발로 걸을 때는 발에 있고 말할 때는 입에 있다고 그랬거든요.

그러면 그 마음을 어떻게 보전할까요.

수심결에 보면 '일예재안(一翳在眼)에 공화난추(空花亂墜)' 라 했습니다.

눈에 티끌이 들어가면 이 세상을 볼 수가 없어요.

여러분, 한 눈에 티끌이 들어갔는데 티가 들어가면 어떻고 금싸라기가 들어가면 어때요? 금은 귀한 것이니까 다른가요? 두 개 다 똑같습니다.

그래서 '불사선 불사악(不思善 不思惡)' 이라, 그 자리를 알려면 선도 말하지 말고 악도 말할 것도 없고 선도 생각하지 말고 악도 생각하지 말아요. 그게 다 틀린 것입니다. 무엇도 없는 자리입니다.

교전에 의두요목이 20가지가 있지요?

첫째 대목에 세존이 도솔천을 떠나지 않고 왕궁가에 내리시며 모태 중에 들기 전에 중생제도가 끝나버렸다 했는데, 무슨 뜻인지 알아요? 이거 한가지만 알면 20가지는 다 똑같은 뜻입니다.

'일원은 언어도단의 입정처이요, 유무초월의 생사문인 바 천지 부모 동포 법률의 본원이요 제불 조사 범부 중생의 성품이요' 라고 써졌지요?

제불 조사도 범부 중생도 여기가 본처(本處)입니다. 그 자리는 부처도 중생도 범부도 없는 자리이고, 선도 악도 없는 자리입니다.

이게 성리라는 것입니다.

여러분, 눈을 감아보세요.

아무 것도 없다고 하는 그 자리는 바로 이 자리입니다.

그런데, 그 없는 자리에서 악이니 선이니 하며 싸우잖아요. 또 너는 옳다 하고 나는 그르다 하고 싸움하잖아요.

큰 거울에는 친소가 없습니다

마음공부 하는 사람 중에도 고부간에 밉다 싫다, 저 사람이 정이 떨어져 싫다 하는 사람이 있다면, 그 사람은 원불교 다녀도 헛 다닌 것입니다.

미워도 벌벌 떨고 사랑해도 벌벌 떤다면서요. 그게 무엇이냐 그 말입니다.

이 자리를 알아야 돼요. 그 하나인 자리를 알아야 예쁘고 밉고 곱고 분별하는 것이 참마음, 내 본래 마음자리가 아닌 줄 압니다. 미운 것이 어디 있어요.

이 세상에 모든 것을 풀로 보면 다 풀입니다. 그러면 다 뽑아 내버려야 돼요. 그러나 그것을 꽃으로 보면 전부 다 꽃이잖아요. 뻘건 황토산보다 풀이 우거진 산이 좋지요? 그러니까 풀이 우거진 것을 꽃으로 보면 좋은 것이라고요.

일체유심조입니다.

원래 아무 것도 없는 자리에서 세상을 봐야 합니다. 그러면 미운 것이 어디 있고 고운 것이 어디 있나요. 말로 하기를 무엇이 밉다 예쁘다 하는데, 그것이 없는 자리에서 보라는 말입니다.

대원경성(大圓鏡性)에 절친소(絕親疎)라. 큰 거울은 친소가 없습니다. 큰 거울이 걸렸는데 그 앞에 서면 거울이 우리 식구니까 예쁘게 봐줘야 되겠다 하나요?

거울장사 하려면 주인이 예쁘게 꾸미고 있으면 안 된답니다. 손님이 와서 거울을 들여다보고 자기가 주인보다 낫거든요. 그러면 얼른 거울을 사간답니다.

거울에는 아무 것도 없어요. 친소가 없습니다.

원각성중(圓覺性中)에 무피차(無彼此)라.

너도 없고 나도 없는 자리입니다. 그런데, 원불교 공부를 해서 법신불 자리를 기틀만 조금 알아도 내 마음에서 미운 마음이 일어나면 '이것은 본 마음이 아니지.' 하고 마음을 돌립니다.

'밉고 곱고'가 참마음은 아니잖아요. 원래는 없는 것입니다. 잠이 들었을 때 미운 사람이 있고 고운 사람이 있어요? 없잖아요. 잠들었는데 미국에서 사는 것 있어요? 나는 남자이고 너는 여자다, 나는 부자다, 나는 귀한 사람이다 그런 게 있냐고요. 그 없는 자리를 봐라 그 말입니다.

그럼, 왜 그 자리를 보라고 하는가?

조금 전 기도문에 '극락(極樂)을 수용(受用)한다'고 했는데 극락은 수용하는 게 아닙니다. 낙원을 수용해야지요. 광대무량한 낙원으로 인도하자는 우리가 그것을 즐거움으로 말하자면 낙원이라고 말해야지 극락이라고 표현을 하면 안 됩니다.

극락이라는 자리가 이 자리예요. 극락은 낙(樂)도 끝나버린 자리입니다. 낙은 좋은 자리인 줄 알아요? 좋은 연극이라든지 영화를 보는 것도 이틀사흘 볼 수 있던가요? 두어 번 보고 질리죠. 그것은 참이 아니기 때문에 그렇습니다. 맛있는 음식도 계속해서 먹을 수 있나요? 물맛도 그럽니다.

대종사님께서 일원은 언어도단이라 하셨는데, 그 자리는 말하는 데가 아닙니다. 표현하는데도 아니고, 그것은 유도 무도 다 초월한다니까요. 그러나 거기에 생사의 문이 다 달렸다 그 말입니다. 유도 아니고 무도 아니지만 생사의 문이 있다. 또 천지 부모 동포 법률의 본원이다. 그래서 본래자리입니다. 이 자리는 제불조사 범부중생의 본성자리입니다.

이 소식을 들었는데, 아직도 마음에 미운 생각이 남아 있다거나 며느리가 밉다든지 이웃사람이 밉다든지 부부간에 미움이 있다면 그 사람은 자기 성품을 본 사람이 아닙니다. 잠도 안 잔 사람입니다. 잠을 자보면 아무 것도 없는 자리를 알잖아요.

내가 학생 때, 한번은 친구가 내 책을 빌려다 보고 밤에 와서는 탁 던지니까 먼지가 일어나요. 그래서 내가 "책을 잘 놓아야지."하며 뭐라고 했습니다. 그리고는 깊은 잠에 들어버렸어요. 그런데 그 사람이 자리에 눕자말자 요에 바늘이 있어서 전신이 바늘에 찔렸다고 난리를 했는가 봐요. 그래서 사람들을 다 깨워 가지고 바늘 뺀다고 병원까지 갔답니다. 나는 잠이 깊이 들어서 몰랐어요.

그런데, 옆 사람은 지난밤에 자기가 책 탁 놓았다고 뭐라고 하더니 미워서 안 일어난 줄 알았답니다.

여러분, 그렇게 깊이 잠든 때 마음에 뭐가 있습니까?

어떤 사람은 그 집이 미워서 안 들여다보려고 고개 돌리고 다닌다고 하대요? 고개 돌린다고 없어지나요?

어제 차를 마시는데 찻잔 위에 '처음처럼' 이라고 써 놓았더라고요.

우리가 사람을 처음 만났을 때를 한번 생각해보세요. 처음에 그 사람을 봤을 때는 아무 것도 모르잖아요. 그 사람이 나쁜 사람인지 좋은 사람인지 입이 싼 놈인지 입이 바른 놈인지 남자가 술을 먹고 여자를 두드려 패는지 어떤지 아무 것도 모르잖아요. 처음 보는데 어떻게 알아요. 그 상태에서 마음을 내는 게 바로 응무소주이생기심(應無所住而生其心) 입니다.

처음 볼 때처럼 해야되는데 누구한테 '저 사람이 어떤 사람이다.' 하고 듣고 나서 이 사람을 쳐다보니까 좋게 안 브이죠. 그래서 '처음처럼' 보자고 그랬어요.

우리가 왜 이 법신 공부를 해야 되나요?

선입견을 갖지 말자. 원래 자리로 돌아가서 보자는 말이지요. 모든 사람을 볼 때나 모든 물건을 볼 때나 선입견을 갖지 말고 처음 보는 것 같이 그렇게 해주면 얼마나 좋겠습니까? 모든 가정이 다 평화가 되죠. 그런데, 우리 마음에 온갖 대가 묻어 가지고 바로 안보여요.

처음처럼 보고, 처음처럼 공을 들여보자 이 말입니다.

어떤 교무가 심리학 공부를 한대요. 지금까지 마음공부 하면서 심리학도 몰라요?

여러분, 불공법 외에 더 큰 심리학 있어요? 아무리 상대방이 나를 미워해도 내가 그 사람한테 계속해서 불공을 한번 해보세요. 더운 바람에 얼음 녹듯이 슬슬 녹아요.

심리학 공부라는 것이 가만히 눈감고 앉아서 남의 마음을 훤히 들여다보는 것 아닌가요?

심리학 박사면 뭐할 것입니까? 싫어하는 것 좋아하는 것 알기만 하고 실천 안 하면 무슨 소용이 있어요.

우리 원래 마음자리는 아무 것도 없는 백지상태인데 거기에다 애들같이 온갖 그림을 다 그려놓고 어떻게 가늠을 잡습니까?

우리 본래 마음 자리는 밉고 곱고가 없습니다.

원불교를 다니면서 이런 깨달음이 없이 미운 사람은 계속해서 미워하고 그러면 어떻게 되겠습니까? 10년, 20년을 다니면 뭐 할 것입니까? 내 마음을 날마다 들여다봐야 합니다.

내 이마에 난 상처는 눈에 보이니까 그것 없앤다고 약을 바르는데, 여러분 마음도 그렇게 해보았어요? 내 마음에 미운 생각이 일어나는 것, 이건 내 본래 마음이 아닙니다. 이것도 남의 마음입니다.

일원은 언어도단의 입정처예요. 그리고 제불조사 범부중생의 본성자리입니다. 부처님 마음은 어떻게 생겼나요. 아무 것도 없는 그 자리입니다. 그래서 부처님은 선입관으로 사람을 대하는 것이 아니라 늘 처음 만나는 것처럼 사람을 대합니다.

부처님이라고 사심이 안 일어날 줄 알아요? 일어나지만, 그 마음은 사용을 안 해요. 참 마음자리로 상대를 바라봅니다. 그렇기 때문에 부처님은 다 좋아하지요.

왜 다들 아기를 좋아하는지 그 이유를 생각해 보았나요? 아기는 미워하고 좋아하는 생각이 없어서 그렇습니다. 그러니까 아기들은 다 예뻐합니다. 똥을 쌀 때도 예뻐해요. 고소한 냄새가 난다고 합니다. 어디 똥에서 고소한 냄새가 나겠어요. 그 아기가 참마음이기 때문에, 원래 타고난 그 마음이기 때문에 세상 사람들이 다 예뻐하는 것이지요.

늙을수록 왜 미워합니까? 마음에 때가 다닥다닥 끼어서 그렇습니다. 70년 동안 세상의 때가 다 묻었어요. 젊으면 젊을수록 순수성이 더 많습니다. 수도를 안 하면 늙으면 늙을수록 순수성이 없어져요. 그런데 제가 팍 늙으니까 그 마음도 없어져 버리네요. 누구 미워할 생각도 조금 일어나다가 말아버려요. 그것도 기운이 없어 못하겠어요.

대원경성에 절친소이고 원각성중에 무피차입니다.

이 자리를 알아야 합니다

여기서 비행기 타고 쭉 가면 서양이고, 또 비행기 타고 쭉 가면 한국입니다. 지구를 한 바퀴 빙 돌아도 그 자리입니다. 그러나, 하나하나를 보면 전부다 그때그때 변합니다.

지금 봄이 왔잖아요. 동지(冬至) 하면 일양(一陽)이 일어납니다. 그때는 춥지만 땅 속에서 양이 하나가 올라와서 삼일 되면 그것이 오분씩 오분씩 늘어나 하지(夏至)까지 늘어날 겁니다. 하지가 되면 여름의 시작이 아니고 또 겨울의 시작입니다.

태극기를 보면 이렇게(~) 생겼죠. 양쪽이 극입니다.

그래서 하지가 되면 땅 속에서 한 음이 올라오고 동지가 되면 땅 속에서 양이 올라옵니다. 그러니까 겨울에는 양이 땅 속에 가서 있기 때문에 물이 뜨끈뜨끈해서 잘 사용합니다. 그런데 여름에는 덥긴 해도 물이 차갑죠? 음이 밑으로 들어가서 그렇습니다.

이렇게 음양상승(陰陽相勝)이 한번도 변함없이 있습니다. 그대로 여여자연한 것입니다.

귀신들린 사람들은 법신불 일원상 앞에 데려다 놓으면 도망가려고 합니다. 법신불 앞에 못 앉아요. 그렇게 무서운 부처님입니다. 대종사님이 어떻게 원을 그려놓으셨는지요.

다른 종교 같으면 교조이신 대종사님의 사진을 한 가운데 모셔야 맞지요? 하지만, 우리는 안 하잖아요. 대종사님은 우리를 인도하신 스승님입니다. 신앙의 대상은 아니라고요.

인도에 가면 '이구루'라는 나무가 있는데, 한 나무에서 뻗어 나간 뿌리의 길이가 두루 30리라고 합니다. 중국 청도 절에 가보니까 소나무가 있는데 20미터는 뻗어나갔어요.

과일나무에 보면 뿌리가 얼기설기 얽혀서 있어도 하나이지만, 과일 속에 들어가면 원래는 작은 씨 하나입니다.

여러분이 이 법신불 진리를 조금이라도 터득하면 세상에 대한 의혹이 없어져 버립니다. 모든 이치에 걸림이 없어요.

한 제자가 대종사님께 "견성을 하면 어떻습니까?"하고 여쭈니까 "글 모르던 사람이 글을 아는 것 같다."고 그러셨습니다. 글을 알면 모든 간판이라든지 무슨 책이라든지 다 볼 수가 있잖아요. 그런데 글을 모르면 우리가 무엇이 돼요? 눈을 떠도 봉사나 마찬가지이지요.

나를 미국에 데려다놓고 나더러 너 어디 가라고 하면 내가 어떻게 가겠어요? 글을 알아요, 말을 알아요. 남한테 물어서 여기까지 올 수도 없지요.

병원에 가서도 (시카고에 머물면서 다리를 다치셨다) 나를 데리고 간 교도가 내가 아픈 것에 대해 의사선생님과 대화하는데 뭐라고 하는지 알아들을 수가 없어요. 그렇다 그 말입니다.

견성하는 이치가 글을 아는 것과 같고 말을 알아들을 수 있는 것과 같다. 반벙어리도 아니고 병신도 아니고 밥 먹고 눈 뜨고 있지만 말도 못 알아듣고 글도 못 읽고 말을 몰라서 물어서 찾아갈 수도 없고, 이게 진리를 모르는 사람과 같다는 말입니다. 진리를 모르면 그렇습니다.

그런데, 이 자리를 알고 보면 명예를 얻어서 뭐하게요? 돈 벌어서 뭐할 거냐고요. 우리가 밥 세 그릇밖에 더 먹어요? 그 부정하는 재주를 누구 주려고? 그러다가 형무소에 가서 앉아있겠냐 그 말입니다. 결국 명예는 땅에 떨어지고 말잖아요. 이것이 그 이치를 몰라서 그렇습니다. 식구들 먹고살고 자녀들 공부시킬만 하고 교당에 나오면 유지비 조금 낼 수 있고 그러면 됐지. 얼마나 더하려고 죄를 짓고 삽니까? 다 이 자리를 몰라서 그렇습니다.

어제 붓글씨를 쓰는데 한 학생이 왔기에 "우리 여자 전무출신은 월급도 없다. 사회에서는 대학원까지 나온 사람들이 학교 교수한다. 교수야 학위가 있고 월급만 주면 누구든지 할 수 있다. 그렇지만 교역자는 이 교역자 훈련 안 받은 사람은 아무도 못한다."고 그랬습니다. 누가 하겠어요. 교역자는 월급을 줘도 못하는 자리입니다. 설교만 하나요. 초상도 다 치러야 하지. 죽은 사람 영혼을 위해서 천도재도 지내야 합니다. 이것은 교무밖에 못하는 일입니다.

그런데, 원불교에서 영어 공부는 왜 안 가르치느냐고 그래요. 원불교는 가르치는 과정이 있습니다. 그것만 배워도 교화는 할 수 있으니까. 그 이상 영어를 한다든지 그것은 자기가 쓰려고 하는 것이지, 원불교에서 교화하는데 꼭 필요한 것도 아닙니다.

대종사님께서 그러셨습니다. 너희들이 이렇게 고생스럽게 교화한다고 힘들어하지만 앞으로 몇 백년 지나면 영어를 잘 하는 사람이 교전을 보고 자기가 먼저 한다고 할 것이다.

대종사님 당시에 제자들 중에 일본에 유학 가려고 밤에 일본어공부 한다고 엎드려 있으면 꼭 누가 가서 고자질한 것 같이 환히 아시고 아침에 불러요.

"너 지금 뭐 하려고 하느냐. 삼십 계문 잘 지켜서 도인 돼라. 외국어는 나중에 원불교가 사오백 년이 되면 다른 나라 사람들이 우리 교전을 서로 번역하려고 할 거다. 그 어려운 거 하려고 발버둥칠 필요 없다."는 말씀을 해주시곤 하셨습니다.

그러나, 우선 이런 데 와서 교화를 하려면 간판이라도 볼 수가 있어야 되고 차라도 타고 갈 수 있어야 되고 사람 말이라도 알아들어야 되니까 그 정도는 해야 하겠거니와 뭐 학위를 딴다고 야단 낼 것은 없을 것 같아요.

원불교 역사는 아직 백년도 안됐습니다. 겨우 87년인데 벌써부터 2천년, 3천년 된 종교를 따라가려고 하면 어떻게 되겠습니까? 우리는 나무로 비교하면 떡잎도 아닙니다. 하지만, 2000년 후에는 그 모습이 어떻게 되겠어요? 백년이라면 기독교는 땅 밑에 들어가서 나오지도 못했을 때입니다. 굴 속에 들어가서 숨어있었지 밖에 나오지도 못할 때라고요. 백년도 안된 우리가 큰 노대 종교를 따라가려고 하고 그것을 본보려고 하면 안 됩니다.

내가 붓글씨 쓰는 학생에게 어떻게 원불교를 알았냐고 물었어요. 그 학생이 원불교학과 1학년생과 함께 로스앤젤레스에 어학연수 하러 왔는데, 학생 전체가 그 학생을 좋아하더랍니다. 그래서 자기도 교당 가서 살아볼까 싶어서 왔답니다. 지금 우리에게 교도수가 구름같이 모여들게 하거나 빌딩을 짓는 게 급한 일이 아닙니다. 지금은 우리가 힘이 너무 없기 때문에 다 각자 공부를 해 가지고 견성 도인이 되어야 합니다. 그것이 대종사님 원입니다.

원기 100년 이내에 들어오는 교도는 대종사님과 세세생생 인연이 된 사람이랍니다. 인연이 되어 있으니 이렇게 만나지 누가 이렇게 초라한 교단을 보고 오겠습니까?

그러나, 이 법이 좋아서 오는 사람이 있어요.

그래서 이 세상에는 다 종자가 있는데 그 종자를 우리가 캐서 우리가 개량하자 그 말입니다. 좋은 씨앗으로 만드는 즉, 종자를 개량하는 법이 우리 법입니다.

내가 지금 어디 있느냐?

당나라 때 현종 황제가 삼장 법사를 국사(國師)로 모시고 있는데 어느 때 대위 삼장이라는 사람이 나타났습니다. 그 사람이 가만히 사람을 보면 저 사람 마음이 지금 어디 있다는 것을 다 알아맞혀요. 타심통(他心通)을 한 것이죠. 그러니까 현종이 '내가 스승으로 모시는 스님은 그런 거 모르던데.' 하는 의문이 들어 대질을 시키게 되었습니다.

삼장 법사가 '저 사람은 저기 냇가에서 빨래하는 사람과 다름없다.' 고 생각하고 있으니까, 대위 삼장이 '스님, 뭐 거기 가서 그러고 있소.' 그래요.

그 다음에 삼장법사가 마음으로 나무 위를 타고 올라가니까 "에이 참, 점잖은 스님이 어떻게 나무를 타고 올라가요."하고 알아맞혀요.

그 뒤에는 입정을 해버렸습니다. 언어도단의 입정처요, 유무 초월의 생사문인 그 자리에 입정을 해버렸어요.

'내가 지금 어디 있느냐?'

대위 삼장이 삼천 대천세계를 다 찾아도 없어요. 아시겠죠. 무슨 말인지?

이렇게 분별을 내고 있지만 분별을 거둬들인 자리가 입정처입니다.

결국 그 자리는 못 찾았습니다. 있는 데가 아니니까, 거기에는 아무 것도 없습니다.

점을 치러 가면 점쟁이가 지나간 것은 다 맞춘답니다. 그런데, 돌아오는 것은 못 맞춰요. 점 치러 간 사람이 알고 있는 상태는 그 사람이 알고 있어요. 그래서 귀신같이 안다고 하잖아요. 그런데 내가 모르는 것은 점쟁이도 모릅니다. 방금 내가 한 이야기가 그 소리입니다.

대위 삼장이 그렇게 혼이 나고는 그 자리에 엎드려 스승이라고 절을 하니까, 그때서야 현종이 '그러면 그렇지. 내가 국사로 모신 스님보다 나을 리가 있나.' 하더랍니다.

공부를 하는데 표준을 눈으로 잡지 말고 배로 잡으라는 말이 있습니다. 눈은 예쁘다 밉다 빨갛다 노랗다 보는 대로 다 분별을 합니다. 그런데 배는 아무 가늠이 없어요.

내가 감기 나으려고 약을 몇 개를 먹는데 어떤 사람은 보니까 나보다 더 많이 먹어요. 생강도 삶아먹고 파뿌리도 삶아먹고 뭐도 삶아 먹고. 그렇게 야단인데 나는 그동안 쭉 아스피린만 먹고 물약을 주기에 그것만 마셨는데도 입맛이 다 떨어지고 그래요. 또 그뿐인가요. 내가 당뇨병 약을 먹는데 한두 가지가 아닙니다. 그것뿐인가요. 밥상에 차려놓은 것도 다 먹지. 그런데, 이 배가 아무 가늠이 없어요.

그러고 보면, 이 배는 허공법계를 떠나서 세상에 있는 것은 다 먹어요. 한번 생각해보세요. 물 속에 있는 것 다 먹지, 산에 있는 것 다 먹지, 들에 있는 것 다 먹지요. 그러니 이건 가늠이 없어요. 너 왜 그렇게 온갖 것을 다 집어넣느냐고 항의도 안 하지요? 그래도 명확하게 살 될 것, 피 될 것, 하수도로 나갈 것, 쓰레기통으로 나갈 것 다 구분하고 있어요. 이 속에서 말입니다. 그렇지만 받아들이면서 분별하지 않습니다.

그래서 우리가 공부할 때도 눈처럼 보는 대로 듣는 대로 어쩌고저쩌고 하지 말고 배같이 묵묵하게 필요한 것은 자기 것 만들고, 못 쓸 것은 내버리고, 한쪽 귀로 듣고 한쪽 귀로 버리라고 하는 것입니다. 좋은 것을 흘리라는 게 아닙니다.

사도세자를 뒤주에 집어넣는 책임을 맡은 구선봉이란 사람이 있었습니다. 그 사람 신분이 장군이니까 사도세자를 뒤주 안에 집어넣을 때 지키고 서서 열어라 했겠죠. 훗날 사도세자 아들이 정조 임금이 되어 가지고 자기 아버지를 죽인 사람들을 전부 귀양 보내고 사형시키고 그랬어요. 그런데, 구선봉이 소달구지에 실린 감옥에 갇혀 귀양을 가다보니 억울해 죽겠거든요. 자기는 임금님이 시킨 대로 한 것뿐이지 자기가 죽인 것이 아니잖아요.

그래서 그가 임금님 명령이라서 그렇게 했다고 주장했습니다. 사람들이 귀양 가는 그를 보려고 구경하러 나와 있었어요. 그런데, 사람들 말이 '당신 진짜로 꿈에도 죽일 생각이 없었다고 생각이 들면 천지를 두고 맹세를 하라.' 고 했어요. 그가 천지에 두고 맹세를 하니까 수레가 안가요. 이게 천지와 합쳐진 것입니다. 이것이 언어도단의 입정처에 합쳐진 때입니다.

수레가 안 가니, 임금님한테 갔을 것 아닙니까?

그랬더니 정조도 굉장히 영리한 임금이랍니다.

"좋다. 그럼 그대는 이 세상에 나와 철난 때부터 시작해서 지금까지 잘못이 하나도 없는가? 잘못이 있으면 낱낱이 드러내라."

그 사람이 가만히 생각을 해보니 청년 시절에 유모를 범하려고 마음을 냈다가 혼이 난 일이 떠올라요. 그랬더니 수레가 움직이는 것입니다. 결국 그 사람은 사도세자 죽인 죄로 처형 받았습니다.

우주와 합쳐진 자리, 입정처

입정처(入定處)라는 자리는 우주와 내가 합쳐져 버린 자리입니다. 일호(一毫)의 분별(分別)도 없는 자리예요. 그 자리에는 착한 마음도 소용이 없어요. 착하다는 마음 자체도 그 자리에서는 틀린 것입니다.

우리 독경집에는 금강경이 5절까지만 있고 그 뒤에 있는 32절까지는 빼버렸어요. 그 이상은 뭐냐 하면 5절까지를 해석한 것입니다.

금강경에 보면 보살이 보살이 아닐새 시명 보살이니라 그랬어요. 사람이 전부 이런 것을 구분하려고 이름을 붙여놓은 것입니다. 이 마이크도 마이크라 이름을 붙인 것이지 이게 원래 태어날 때부터 마이크라는 게 아닙니다. 이 컵도 우리가 구분하기 위해서 컵이라고 한 것입니다.

이것이 다 분별세계입니다. 금강경에 5절 끝에 가서는 "범소유상이 개시허망이니 약견제상이 비상이면 즉견여래(凡所有相皆是虛妄 若見諸相 非相 卽見如來)"라고 했지요. 그 자리는 언어명상이 끊어진 자리입니다. 모든 상이 있는 것을 상으로만 보면 보는 사람은 여래를 모르는 사람입니다. 부처를 모르는 사람입니다. 이 법신불 자리를 모르는 사람이다 그 말입니다.

그것을 상 아닌 것으로 볼 줄 아는 사람이라야 참 여래를 본 사람입니다.

우리가 구분하기 위해서 삼라만상의 이름을 각각 다 붙여놓은 것이지 원래 무슨 이름이 있어요? 하느님은 누가 만든 것 같아요? 사람들이 만들었습니다. 하느님이 원래 하느님입니까? 사람들이 구분하기 위해서 하느님이라고 만들어 붙인 것입니다.

여기 안에 있는 사람들 이름이 다 각각이죠. 그것은 구분하기 위해서 우리가 만들어 붙였지요. 그렇지만 원래는 없어요. 원래는 하나입니다. 개한테 물어봐요. 이름 알아요? 원래는 이름이 없습니다.

금강경에 이름이 이름이 아닐새 시명 이름이니라 한 것은 형상으로 보지 말아라, 그래야 부처도 볼 수 있다, 형상을 보는 사람은 부처를 모르는 사람이다 그 말입니다.

대종사님도 솔성요론에 "사람만 믿지 말고 그 법을 믿으라." 고 하셨어요. 당신께서 조금 있으면 가시니까 나 믿지 말라고 하신 말씀입니다.

이 자리 참 거룩하게도 생겼지요.

대종사님 만난 덕에 나 같은 사람이 성리자리를 말하고 앉아 있는 이 자체를 생각하면 참 놀라운 일입니다.

성품에 대한 생각들

퇴계 선생 그러면 동양에서는 공자로 알고 있습니다. 율곡 선생도 마찬가지입니다.

맹자는 인의예지 이것을 보고 사단이라고 했고, 또 희로애락

애오욕을 칠정이라 했습니다.

그런데, 이 양반들이 토론하는 게 기에서 나왔다. 아니다, 이에서 나왔다. 이렇게 하기를 8년 동안 편지를 주고받고 했습니다. 그 양반들이 다 돌아가시고도 저쪽에서는 기발, 이쪽에서는 이발, 이발 기발, 이발 기발, 이에서 나온다 기에서 나온다 하며 200년 동안 그것을 가지고 콩이야 팥이야 해온 게 조선 성리학입니다.

맹자는 사람 본성, 우리의 본래 언어도단 입정처, 그 자리가 선한 자리다 그랬습니다. 그게 선하기 때문에 도둑놈이 칼 가지고 도둑질하러 가다가 아기가 샘에 빠져죽으려고 하니까 가서 얼른 잡아당긴다 그 말입니다. 바로 측은지심, 그 마음이 나오지 않더냐. 그러니 원래 성품이 선하다는 것입니다.

또 도둑질 등 의가 아닌 나쁜 짓을 하고 나면 부끄러워서 얼굴을 못 듭니다. 도둑놈도 뭘 쓰고 들어오잖아요. 그것도 본래가 성품이 선하기 때문에 부끄러운 줄 알고 있지 않느냐 그 말입니다.

또 사양을 할 줄 알아요. 혹 옆에 병든 사람이나 노인이 잠깐이라도 서있으면 벌떡 일어나서 양보를 하잖아요. 나쁜 놈도 그렇게 할 수 있습니다. 그것은 본래 선하기 때문에 그렇지 않느냐 그 말입니다.

또 옳다 그르다 그것은 원래 우리 마음에 지혜라는 것이 있기 때문에 그렇다는 것이지요.

반면에 순자는 사람은 원래 성품이 악하다. 왜냐하면 선은 권장해도 잘 안 되는데, 악은 안 가르쳐도 저절로 되어 버리고 악심은 저절로 나와버린다는 것입니다. 그래서 사람은 원래 악하다고 주장한 것입니다.

맹자는 사람의 성품이 원래 선하기 때문에 사단이 나오지 않느냐고 했지요.

원래는 출발이 그렇게 됐는데, 조선에 와서 이발기발이 시작해 가지고 날마다 사람이 모여 앉아서 이발기발만 하고 있었던 것입니다. 이렇게 200년 동안 논란을 하던 것을 심익순이 알아 가지고 이 자리를 이야기한다고 이렇게 가르치고 있으니 원불교 얼마나 위대한지 알겠어요? 얼마나 고등 종교인지 알겠습니까?

전무출신(원불교 성직자)들을 사회에다 내놓으면 본래 갖춘 조건이 훌륭한 사람도 있지요. 김양수 박사처럼 서울대 공대도 나오고 의과대학도 나온 그런 분도 있지만, 나 같은 사람은 사회에다 내놓으면 호미질이나 할 수 있는 사람입니다. 요리도 할 줄 모르니까 맨손으로 데려다 놓으면 소사도 못할 사람인데 원불교 공부를 하고 지도자가 되어버렸습니다.

진리 공부를 하는데 다른 종교에서 백년할 거 원불교에서 제대로 1년만 하면 됩니다.

그 중에 간혹 나쁜 소리를 듣는 사람도 하나씩 있겠지만 원불교 교리가 그만큼 사통오달이라는 말입니다. 원불교 안에 있으면서 다른 종교를 찾아본다고 하는 사람은 원불교를 모르는 사람입니다.

맹자와 순자가 사람의 성품이 원래는 선하다 원래는 악하다 그랬는데, 대종사님은 뭐라고 하셨어요. 무선무악(無善無惡)이라고 했어요. 우리 성품 자리에는 원래 선도 없고 악도 없어요.

고향에서 환영받은 성자

무당도 먼데는 참 잘 맞춘다고 소문이 나는데 그 동네 사람은 안 믿어준답니다.

또 많은 성자들이 초년부터 고향에서 교화를 한 일이 없어요. 예수님도 다른 동네로 갔고, 부처님도 네팔에서 태어났는데 인도로 갔습니다. 공자님은 각국을 돌아다녀도 안 알아주니까 결국 고향에 돌아와서 훈장 일을 했어요.

그런데, 소태산 대종사님은 동네에서 도를 깨 가지고 한 발짝도 옮기지 않고 그 동네에서 교화를 시작했습니다. 처음에는 동네 사람들하고 같이 담배도 피우셨지요. 그런데, 시간이 흐를수록 나이가 어린데도 자꾸 아랫목이 대종사님한테 양보가 되고 차차 존경심이 나게 만들었어요.

정산 종사께서 대종사님을 만난 후, 길룡리에서 고향 성주로 안 돌아오니까 정산 종사님 아버지가 아들이 뭐하고 있는지 보러 왔다가 대종사님을 뵙고 당장에 이사를 와버렸어요. 경상북도에 사는 보수적인 유교학자 집안이 이사를 와버린 것입니다.

또 외사촌(이춘풍)이 그 소식을 가만히 들어보니까 사교에 빠져 가지고 전라도로 갔다는데 내가 가서 당장 데려온다고 쫓아왔습니다. 그때, 대종사님 이름이 석두거사였습니다.

먼저 온 사촌이 "자네가 거사님을 한번 만나보면 자네도 나처럼 이사를 올 거다."고 그래서 만나봤지요. 그랬더니 대종사님이 자기가 평소에 존경하던 공자님 같아요. 그러니까 자기도 이사를 오겠다고 그랬어요.

그런데, 정산 법사님 가족이 길룡리로 이사오는 도중에 사기 당했다는 이야기 들었지요? 그래서 남의 집 셋방살이를 5, 6년을 했습니다.

변산에서 나오다 양쪽으로 갈라져 그 가운데 물이 내리는 데가 해창인데 대종사께서 이춘풍 선생을 그리로 이사 시켰습니다. 그 양반은 이사오면서 고향에다 무슨 핑계를 댔느냐 하면 슬하에 딸만 여덟 명이니까 "어르신네들, 내가 아무리 기도를 해도 아들 못 낳겠으니까 객지에 가서 물을 먹으면 아들 놓는답니다." 그랬더니, "아, 그럼 그러라."고 그랬대요. 아들 낳는다는데 누가 못 가게 하겠습니까?

이 양반이 대종사님을 만나보고 봄바람에 얼음 녹듯 녹아버렸어요. 그래서 춘풍(春風)입니다. 그런데 이춘풍 선생님 딸이 유명한 항타원 이경순 법사님과 달타원 이정화 법사님입니다. 서울교구장 이성택 교무님이 외손자이고요. 이 양반이 해가 지면 마음이 변할까 싶으니까 해 넘기기 전에 온다고 섣달 그믐날에 다 이사를 와버렸습니다.

80년 전에도 그렇게 한눈에 알아보았는데, 지금은 대학까지 다 나온 우리 교도님들이 이렇게 책까지 다 내놓아도 잘 못 알아 봅니다. 여러분들이 원불교 만나 놀랍고 반가워서 펄쩍 뛰어야 되는데, 그런 사람이 드물어요.

이춘풍 선생 같은 분들은 경상도 성주에 살던 유교학자들입니다. 그 사람들이 대종사님을 한번 만나고 이사를 와버렸으니까 고생을 얼마나 했는지 말도 못합니다. 사기를 당해서 논밭 다 잃고요.

그래도 정산 종사 어머님과 사모님이 고부간에 산에 나무하러 다니는데 원망 한번 한 일이 없으셨습니다. 시어머니가 며느리보고 "얘야, 우리가 대종사님 만나서 이렇게 나무도 해보지. 언제 해보겠느냐. 참 은혜로운 일이다."

성주에 있었으면 밑에 사람들이 다 하니 빨래 하러도 안나갔겠죠. 다른 사람들이 그런 처지가 되어 산에 가서 나무를 하면 얼마나 영감을 욕했겠습니까?

주산 종사님은 열세 살 때 대종사님을 처음 뵙고 즉석에서 제자 되기를 청하였고, 16세에 전무출신 서원서를 냈습니다. 대종사님께서 "네가 무슨 마음을 먹고 전무출신을 할거냐?" 하고 물었지요.

한문으로 답하기를 「헌심영부 허신사계(獻心靈父 許身斯界) 상수법륜 영전불휴(常隨法輪 永轉不休)」라는 유명한 출가시가 있습니다.

풀이하면, "저의 마음은 대종사님에게 영겁을 귀의하고, 저의 육신은 만생령 위해 아낌없이 봉공하겠습니다. 세세성생 대종사님의 큰 법륜을 뒤따라 다니며, 영겁토록 쉬거나 물러감이 없겠나이다." 라는 뜻입니다.

주산 법사님은 열세 살부터 밥을 해서 잡수셨습니다.

주산 선생님이 6개월 동안 밥을 해서 자셨는데, 교도들이 와서 보니 어린 주산종사께서 고개를 흔들면서 쌀을 일구고 있거든요. 총부는 아주 법도 있는 데라고 하니 그 모습을 보고 이것도 법인 줄 알고, 총부 기지를 희사한 서중안 선생님 부인인 정세월 씨가 집에 와서 자기도 그렇게 해보니까 어지러워서 죽겠거든요. 그래도 본을 보고 계속 하니까 딸이 말하기를 '엄마가 불법연구회에 갔다오더니 왜 저리 머리를 흔드시나.' 하고 의심이 생겨서 그 연유를 물었더니, "이게 법도란다." 그래요.

남편이 들어보니까 우스운 이야기이거든요.

"그 사람은 할 줄 몰라서 머리를 흔들어 젓혔지. 당신은 왜 흔드는 거요."

이렇듯, 초창기 때 너무 고생들 하셔서 우리가 도저히 눈물 없이는 볼 수 없어요.

익산총부 기지인 신룡리 허허벌판에 초가삼간 하나 지어놓고 거기에서 먹을 것이 없어서 엿장수를 시작했습니다. 엿장수를 할 때도 엿 하나라도 더 만들어 팔려고 하다보니 팔산 선생님이 엿을 너무 꼭꼭 짰어요. 주산 송도성 법사님과 혜산 전음광 법사님이 어릴 때인데, 얼마나 배고파요. 그러니까 옆에 서서,

"선생님, 살살 좀 짜세요. 살살 짜야 맛이 조금 있죠." "어허, 무슨 소리. 한 가래라도 더 나와야지 살살 짜면 어떡해."

그렇게 하던 엿장수도 수익이 시원치 않아서 6개월인가 하고 말았습니다.

대종사님도 그 때 처음에는 상도 하나 제대로 없이 몽침 위에다 밥 얹어놓고 잡수셨답니다. 나중에는 전팔근 선생 가족들이 총부에 집을 지어 이사오고 해서 밥 차려 먹는 상도 생기고 또 박사시화 할머니가 서울에서 당신 살림살이 다 갖고 오시고 그래서 밥상이라도 시작을 한 거랍니다.

그래서 나중에는 총부 인근에 서중안 선생이 남의 논을 얻어 줘서 소작을 했어요.

초창기에는 그렇게 살았어요. 그때 할머니들은 대학은 커녕 중고등학교도 안나왔어요. 그런데도 대종사님 보고 법만 보면 다 이사를 오고 다 바치고 그랬습니다.

그런데, 어떻게 요새는 그보다 훨씬 더 많이 배운 사람들이 아무 자각이 없어요. 일원상, 이것 하나만 봐도 기가 막힐 일이거든요.

일원상 서원문은 중생을 살리는 종합병원

우리가 일원상 서원문 한 가지만 지성스럽게 독경해도 사마악취가 다 소멸됩니다.

일원상 서원문에 팔만대장경의 정수가 다 있어요.

또 할머니들은 금강경을 독경해야 천도를 잘 받는다고 금강경을 하잖아요. 금강경의 핵심도 이 일원상 서원문 속에 다 들어있습니다. 반야심경도 그렇고. 진리가 하나도 빠진 것이 없어요.

일원상 서원문은 중생을 살리는 종합병원입니다.

그런데 우리 교도님들이 아직도 어떤 것이 좋은 것인지 안 좋은 것인지 이게 옳은 것인지 그른 것인지 판단을 못하는데 옛날 사람들은 어떻게 그렇게 보기만 하면 판단력이 생겨서 다 왔는지 알 수가 없어요. 구남수 씨 최도화 씨 그런 분드 학교를 안 다녔어요. 그런데도 아들 다 갖다 바치고 어떻게 그랬는가 몰라요.

여러분, 어떤 것이 진리인 줄 알아야 합니다. 일원은 언어도단이라고 했는데 그 자리가 말로는 안 됩니다.

대종사께서 하루는 실상사 주지 만허 화상과 월명암에 동행하였습니다.

만허 화상이 실상사 앞으로 흘러내리는 물가에 이르러서 말하기를 "강류석부전(江流石不轉) 물은 흘러가는데 왜 돌멩이는 안 흘러가나." 그랬습니다.

냇가에 보면 돌멩이는 가만히 있고 물만 흘러가잖아요.

대종사께서 뒤에 있다가 "강류하처거(江流何處去) 물이 어느 곳으로 흘러가는고" 하셨습니다.

스님이 이렇게 돌아보고 서 있어요. 물은 어디로 흘러갑니까? 도는 거지요.

대종사님께서 이어서 하시는 말씀이 "석불전강불류(石不轉江不流) 돌이 구르지 않으면 강물도 흐르지 않고 석역전강역류(石亦轉江亦流) 돌 또한 구르니 강물 또한 흐릅니다." 라고 하셨습니다.

'물이 흘러가면 돌도 흘러가고 물이 안 흘러가면 돌멩이도 안 흘러간다.' 그게 한문으로 되어있어요.

그런데 그렇게 이야기를 해도 뭔 소리인지 이 스님도 못 알아듣고 따라가는 제자들도 못 알아들어요.

한번 생각해보세요. 물은 흘러가고 돌멩이는 가만히 있다. 이게 마음으로 치자면 무슨 마음입니까. 돌멩이가 구르면 물도 흘러가고 물이 흘러가면 돌멩이도 구르고 돌멩이가 안 구르면 물도 안 흘러간다.

그 대종사님 심정을 여러분들이 '석립청수성(石立廳水聲)' 하고 해보세요.

변산구곡로에서 항상 계곡에 물 흘러가는 소리 들어 봐요. 변산에 가면 바위가 굉장히 넓고 좋거든요. 직소폭포도 있고 그래요.

'변산구곡로 석립청수성' 이라고 하면 돌멩이에게 한 말이 아닙니다. 자기에게 한 소리이지. 가만히 입정해 있으니까 자기가 돌멩이입니다. 석립청수성인 것이지요.

돌멩이가 물소리를 듣고 있다.

교도님들 좌선을 해서 입정에 안 들어봤잖아요. 입정을 안 들었기 때문에 내가 늘 잠들 때를 예로 들어 이야기하는 것입니다. 잠이 깜빡 들었을 때 말이 있나요? 잠이 깊이 들었을 때는 꿈도 없는 겁니다. 그럼 그때는 다 입정처예요. 서울 시내에 있는 사람들이 전부 다 잠이 들었을 때는 똑같이 입정처라고요. 그러면 그때는 남녀가 있어요, 빈부 귀천이 있어요, 서울이라는 데가 있어요? 아무 것도 없잖아요.

꿈도 없이 깊이 잠들었을 때 무엇이 있느냐 그 말입니다.

대종사님께서 대각을 하시기 전에도 숟가락을 들다가 입정에 들면 밥 잡수시는 것도 잊어버리고 앉아 있었어요. 사모님이 들에 갔다 점심을 챙기러 집에 오면 파리가 새카맣게 붙어 있어요.

그러면 "아이고, 우리 서방님, 지금 우두커니 병에 걸려 가지고." 촌사람이 망각도 모르고 입정도 모르고 아무 것도 모르니까 얼마나 대성통곡을 하고 울었겠습니까. 밥 자시는 것도 잊고, 파리가 붙은 것도 모르고, 무릎이 다 얼어서 터져도 모르실 지경이었으니.

대종사님께서 도를 깨치셨는데 너무 고생을 해서 천식이 남았어요. 왜냐하면 아무리 입정에 들어도 몸뚱이는 차면 얼 것이고 그러니 어떻게 하겠어요. 마음이야 춥고 더운 것이 없어졌지만 몸뚱이는 생물이라 얼기도 하고 춥기도 하고 배고픈 것도 있고 영양을 섭취 안 하면 잘못 될 것 아닙니까. 안 씻고 먹지도 않고 매일 입정에 들어있으니까 도통하기 전에는 온 몸에 부스럼이 나셨답니다.

그래서 "내가 그 고생을 하고 도는 깨쳤는데 몸에 병은 남아 있다."고 그러셨지요.

그런데 깨치고 나니까 그게 환골탈태가 되셨어요. 대각을 하시고, 손톱을 깎고, 머리를 감고, 목욕하시고 말씀하셨습니다.

"너희는 절대로 내 흉내내면 안 된다. 내가 내놓은 삼학 팔조를 그대로 하면 나처럼 고생 안하고 도를 깨칠 수 있다. 내가 해놓은 대로 그대로 해라."

그것은 마치 전철 타고 가는 것과 똑같습니다. 그 기찻길을 안 놓았을 때가 문제이지 철로를 깔아놓으면 열차는 달리기만 하면 됩니다.

입정처(入定處)라는 자리를 말하기를 '일념미생전(一念未生前)'이라고 합니다. 한 생각이 나기 이전 말입니다.

아까 그 스님은 '돌멩이는 가만히 있는데 물이 내려가고 있구나.' 그렇게 생각을 했는데 대종사님은 '물도 흘러가지도 않고 돌멩이도 구르지 않고.'

그러면 또다시 말을 바꿔서 '물이 흘러가면 돌멩이도 구른다.' 이건 전부 분별심이죠. 그 생각을 우리가 낸 것이지요. 여러분이 잠이 들어있는데 냇가에 물이 내려가는지 돌멩이가 내려가는지 알아요?

그럼, 우리가 왜 언어도단의 입정처인 이 자리를 터득을 해야 되나?

우리 주위에서 온갖 희비극이 다 벌어지고 있습니다. 좋은 일, 나쁜 일 등 별것이 다 벌어지고 있는데 거기에 우리 마음이 장난을 치면 어떻게 하겠습니까?

좋은 일이 있으면 나쁜 일도 있습니다.

불경에 이런 이야기가 있습니다.

등나무 밑에 샘이 있는데 그 속에서 독사가 입을 벌리고 있고 위에서는 벌이 톡톡 쏴요. 그런데 그 속에서도 꿀이 한 방울씩 떨어진단 말이에요. 그렇게 한 방울씩 떨어지는 꿀을 빨아먹느라고 정신이 하나도 없는데 어디에서 싹싹 소리가 나서 보니까 검정쥐, 흰쥐가 등나무를 갉아먹고 있어요. 그럼 어떻게 되겠어요. 그 등나무를 쥐가 다 갉아버려서 샘 속에 빠지면 거기에 독사 세 마리가 입을 벌리고 있습니다. 이것은 삼악도에 떨어진다 그 말입니다.

등나무는 우리 수명입니다. 그리고 검정쥐, 흰쥐는 세월입니다. 밤이 왔다 낮이 갔다 하는데 꿀 한 방울씩 떨어지는 것 먹는 그것 때문에 쥐가 갉아먹는 것도 몰라요. 어제는 이팔 청춘이었는데 오늘 보니까 노인이 되어 버렸어요.

그래서 입정처라는 것은 동작으로도 말로도 생각으로도 할 수 없습니다.

바로 천지가 갈라지기 이전(天地未分前), 내 한 생각이 나기 이전(一念未生前), 우리가 꿈도 없이 잠이 들었을 때를 일러 언어도단의 입정처라고 합니다.

여러분, 아주 괴로우면 자성의 원래 자리로 돌아가야 합니다. 원래는 없었잖아요.

저는 큰일을 당하면 어디에다 비교를 하느냐면 '대종사님 돌아가셔도 살더라.' 그럽니다. 대종사님 열반하시자, 그때 많은 사람이 원불교 이제 곧 문 닫을 것이라고 생각했습니다. 그래서 일본 사람들도 그 후로는 조사도 안 했습니다.

안 좋은 환경이 오거든

8.15 해방이 되자, 원불교에서는 전재동포구호사업을 했습니다. 해방 후 외국에서 돌아오는 귀환동포들에게 밥을 해줬다는 말입니다. 그때 물어보니까 밥 끓여주러 나가면 죽도 끓여줬는데 죽은 끓여주는 그 사람들이 먹었답니다. 그때 우리 교역자들이 그것 끓여주면서 아침 점심을 다 굶었지만, 그래도 재미가 났답니다.

세상이 극하면 변화합니다.

내가 언어도단의 입정처에 대해 이야기하는데 왜 이 말을 하는 줄 압니까?

여러분들이 극한 상황이 오더라도 흔들리지 말라는 뜻에서입니다. 태극기를 보면 양쪽에 꼬리가 있는데, 그게 극한 데예요. 그러면 이쪽에는 하지, 이쪽은 동지입니다.

하지가 오면 무엇이 변하나. 그때부터 밤이 조금씩 길어집니다. 하지를 지나면 낮은 조금씩 짧아지고, 땅 속에서 음이 나옵니다. 하지를 지나면 음이 나와요. 그 음이 쭉 가다가 이제 초복에 가서 양을 누르고 또 중복에 가서 또 양을 더 누르고 또 말복에 가서 양을 눌러버리면 이 양이 KO 되어 가지고 그 때부터 동지까지 완전히 양이 죽어버린다 그 말입니다. 삼복 지나고 나면 힘을 못 써요.

그런데 동지를 지내고 3일 지나고 나면 또 땅 속에서 양이 하나가 나옵니다. 그래가지고 음을 죽이는 겁니다. 삼동 이라는 게 음을 죽이는 거예요. 소설, 대설, 소한, 대한 이게 다 양이 음을 죽이는 일입니다. 그래서 쭉 하지까지 가는 것이죠.

그래서 극하면 변한다고 하는 것입니다. 새벽이 되면 더 어둡답니다. 사람도 죽으려면 정신이 도로 돌아와서 멀쩡해진답니다.

밤이 깊어 가면 새벽이 오고, 날이 깊어 가면 저녁이 오는 거지요. 이게 음양상승의 도를 따라서 일어납니다. 그러니 나에게 안 좋은 환경이 오더라도 흔들리지 마라는 것입니다. 입정처에 들어가 버리라고요.

달팽이가 저 혼자 있을 때는 고개 내밀고 다니다가 누가 건들기만 하면 뚜껑을 뒤집어쓰고 쏙 들어가 버립니다. 그게 입정처예요.

TV에서 '동물의 세계' 프로그램을 보니 거북이도 무언가 와서 탁 누르면 머리고 다리고 쏙 들어가 버려요. 그러면 솥뚜껑 같이 되어버리지요. 사자가 입에 물어도 이게 안 나오니까 그냥 놔두고 가버리더라고요. 그러자 그 말입니다. 거북이가 아무 경계가 없을 때는 걸어가다가 무엇이 와서 탁 덮치면 폭 들어가 버리듯이 경계가 오면 분별주착심이 쏙 들어가게 하자 이 말입니다. 입정처에 들어가 버려요. 이렇게 고와 낙이 다 끝난 자리가 극락입니다.

나쁜 경계이거나 좋은 경계이거나 내 마음이 흔들릴 것 같으면 쏙 들어가 버려야 합니다.

그러고 경계가 없을 때는 또 자기 마음을 풀어 놓아봐요. 이게 관심공부라고도 합니다. 자기 마음을 가만히 내놓았다가 내가 끌려갈 때만 챙겨요.

어제 저녁 뉴스에 보니 청년들이 차는 국산인데 바퀴도 외제, 껍데기도 외제, 의자도 외제로 바꿔서 다니고 그런데요. 그전에 내가 어떤 사람에게 차를 좀 빌리자니까 벤츠 이게 세계에서 제일 좋은 차라면서요. 나는 그게 세계에서 제일 좋은 차인지도 모르는데, 팔타원님 사위가 그게 세계에서 제일 좋은 차라고 타고 다닌다고 합니다. 나야 티코를 타든지 뭐를 타든지 여기에서 여기까지 데려다 주기만 하면 되지 벤츠라고 해서 승차감이 뭔데요?

대종사님께서는 변산에서 진안 마이산까지 이백리 길을 걸어 다니셨어요. 요즘 같이 메이커 있는 신발을 신고 다니신 것도 아니에요. 가슴이 아프죠. 우리는 요즘 너무 호강하니까.

우리들 발이 병이 많이 걸리는 이유가 신발이 너무 좋아서 그렇답니다. 고무신 얇은 것 있지요? 그것을 신고 돌멩이 밭을 다녀야 발에 자극이 생겨서 병이 없답니다. 제일 효과 있는 게 맨발로 돌멩이 위를 밟고 다니는 거랍니다. 옛날 스님들이 병이 안 걸린 것은 그 얇은 고무신 신고 산을 몇 십리를 오르락 내리락 해서 그래요.

신문을 보니까 딸은 종년같이 부려먹고 아들은 머슴같이 부려먹으랍니다. 그게 아들 딸 장래를 위해서 꼭 필요한 일이랍니다. 그렇게 살면서 고비를 혼자 넘어갈 수 있도록 베풀어주는 게 부모의 은혜입니다. 그게 열린교육이래요. 고생을 안 시키면 돈에 대해서 전혀 구애를 안 받으니까 자기 아버지가 죽었는데 슬퍼하지도 않아요.

주산 송도성 법사님이 19살에 수위단원이 되셨습니다. 그리고 20살 때는 서울교당(당시 경성출장소) 초대 교무로 발령이 났어요. 이 어른이 발령을 받고 주무시다가 '내가 어찌 교무를 하나, 교당에서 어떻게 교화를 하나.' 하고 걱정을 하셨대요. 그러다가 가만히 생각해보니, '종사주(대종사)께서 내가 거기 가서도 살만하니까 보내겠지.' 하며 마음을 돌리니까 걱정이 없어졌어요.

서울교당을 처음 낼 때, 이공주 법사님이 육타원 법사님과 초가 삼간을 내서 시작했는데, 교도는 한 열 명 됐어요. 우리 지금 교화 안 된다고 걱정해도 그때 비하면 지금은 굉장히 많지요. 당시에 연단이 없으니까 열 명이 빙 둘러앉아서 하는데 대종사님께서 혹시 올라오시면 "제일 노인은 내 옆으로 앉고 젊은 사람은 멀리 앉아라." 그랬답니다. 할머니들은 대종사님 옆으로 오라니까 좋아서 춤을 췄답니다.

주산 법사님은 그렇게 20살 때 교무로 처음 나오셨는데, 왜 요즘 사람들은 서른 살이 먹어도 철이 안 날까. 주산 법사님 집안에서 정산 법사님은 큰아들이라고 공부를 시키고 당신은 소꼴이나 먹이러 다니라고 했답니다.

그런데, 늘 사랑에서 듣고 본 것이 글이라 소를 먹이러 가도 소가 남의 밭에 들어갔는지도 모르고 들은 것을 땅바닥에다 썼답니다. 그렇게 소 키우다 길룡리 와서 심부름이나 하고 부안 변산에서는 밥해 잡수셨어요.

한번은 대종사님께 차를 끓여내는데 냇가로 씻으러 갔다가 주전자 꼭대기가 떨어져버렸어요. 그러니 이 순진한 양반이 어떻게 했겠습니까. 대종사께서 아무리 기다려도 애가 안 오니까 가보셨어요. 그랬더니 주전자 꼭대기를 붙인다고 앉아 있어요. 얼마나 기가 차셨던지, 그 뒤에 사람들이 잘못하면 "야, 저기 도성이가 주전자 꼭대기 붙이듯이 해라." 그랬답니다.

그렇게 그때부터 산에 가서 나무하고 대종사님 밥해드리고 총부 와서도 6개월간 밥해 잡수시고 했기 때문에 20살 때 교무로 나갈 수 있는 그런 능력이 생긴 겁니다.

자식들보고 머슴같이 부려먹으라는 소리가 무슨 소린지 알겠어요? 혼자 힘으로 살아가게 만들어요. 호강을 너무 시켜놓으면 늦게까지 철이 안 납니다.

외풍에 단련이 안된 사람을 일러 나무 밑에서 자란 버섯이라고 하지요. 그 버섯은 햇빛만 보면 죽어버려요.

우리가 입정처에 들어가면 자력도 필요 없고 무자력도 필요 없고 아무 것도 없지만 입정처에서 나오면 어떻게 할 것입니까? 우리가 세상을 살아나갈 때는 어떻게 할 것이냐 이 말입니다.

대종사님께서 전부 다 이 법을 실질적으로 쓸 수 있도록 만들어 놓으셨어요. 일상수행의 요법이 바로 우리 교법의 강령을 만들어 놓으신 것입니다. 날마다 그리고 시간시간 쓸 수 있도록 말입니다.

유무초월의 생사문

유무초월이란 해탈의 경지입니다

정산 종사님께서 원불교 개교 반백주년 기념 때 삼동윤리를 선포하셨습니다.

그런데, 이 세상 돌아가는 모양이 원불교 법대로 대종사님 밝혀놓은 진리대로 돌아가고 있습니다. 이제 삼동윤리가 아니고는 살아날 길이 없습니다. 정치도 마찬가지입니다. 여러분들께서 원불교 만난 것을 다행으로 생각해야 합니다.

일원은 언어도단의 입정처라고 했습니다.

사람들은 성리법문이 별거인 줄 알고, 자꾸 성리를 말합니다. 그런데, 대종사님 법은 전부 성리로부터 출발합니다. 일원이란 언어도단, 말이 필요 없는 자리입니다. 유라고도 할 수 없고, 무라고도 할 수 없는 그 자리를 언어도단이라고 합니다.

일원은 하나인 자리라고 하는데 하나라고 하는 것도 틀린 말입니다. 그것은 의식불명상태입니다. 여러분들이 꿈도 없이 잠이 들었을 때 그 상태입니다.

그리고 일원은 언어도단 자리라 하면서 또 그 자리는 유라고도 무라고도 하지 않고 유무초월이라고 합니다. 유무초월인 자리는 유와 무가 합쳐진 자리입니다.

말과 말의 길이 끊어진다는 뜻, 말로써 이를 수 없다는 것입니다. 말로써 이르지 못하고, 생각으로나 형상으로도 그리지 못하며 동작으로도 표현할 수 없다는 것입니다.

그런데, 왜 이 세상이 하나일까요.

나는 한국이 IMF 관리체제에 들어갈 정도이니 한국만 망하는 줄 알았더니, 한국이 이렇게 되면 미국도 타격이 크다고 합니다. 그래서 미국이 우리를 살리려고 한답니다.

여러분, 극하면 변한다는 진리를 알아야 합니다.

가난하던 사람이 살림을 모아 집을 지으면 3년 안에 망한다고 합니다. 또 며느리가 잘못 들어오면 3년 안에 망한다는데 무슨 소리인지 알아요?

극에 달했다는 것은 이제 전부 다 갖춰진 것을 말합니다. 달도 차면 기운다고 했습니다.

내가 노인들에게 큰 집 갖지 말라고 아무리 말해도 듣지 않습니다. 앞으로는 자녀들이 다 나가기 때문에 큰집이 필요 없습니다. 생일이나 제사는 자녀들 집에서 돌아가며 모이면 됩니다. 큰집에 산다고 이마에 써 붙이고 다니렵니까?

무엇이든지 극하면 변하기 때문에 유와 무를 초월하지 않고는 해탈을 얻을 수 없습니다. 유무초월이란 해탈지경을 말한 것입니다.

교도님들이 이 집 저 집에서 무엇을 주고받고 하려고 하니 끝이 없어 지내기가 힘들다고 그래요. 그래서 한 집에서 중단하기로 했다고 했답니다.

그래서 내가 그랬지요.

"뭐 좀 준다고 코앞에서 바로 갚지 마라. 좀 가지고 있어야 정이 있지. 상대방에게서 무엇을 받았는데 그것을 코앞에서 바로 갚아 버리면 마음 가운데 미안한 것도 고마운 것도 없다. 그러면 무슨 인연이 남아있겠는가. 그렇게 되면 정도 없어진다. 인연도 되지 않는다."

물질이라는 것은 끝이 있습니다. 유라는 것은 끝이 있습니다. 그래서 유무라는 것은 사시순환에 춘하추동에 생로병사에 흥망성쇠가 다 들어 있습니다. 흥하면 망하고 망하면 흥합니다. 그 이치를 먼저 알아서 내가 흥할 때 쇠할 것을 미리 알아야 지혜로운 사람입니다.

아영교당에 박봉래 라는 분이 지부장이었는데 흙벽돌집을 평생 뜯지 않고 살았습니다. 새집을 지어서도 공장으로 사용하기에 그 이유를 물었더니 "이 흙집이 내 생명을 살린 집"이라고 했습니다.

6.25때 박봉래를 죽이러 온 사람이 찾아와서는 너무 낡은 집에 살고 있으니 "이 집이 박봉래 집이 아니군." 하며 가버렸다고 합니다. 그래서 그 집을 없애지 못하고 있답니다. 자녀교육 상에 있어서도 너무 좋게 하고 살면, 아이들이 노력을 하지 않는답니다.

오늘 아침 신문에 보니 성주중학교 3학년생이 오토바이를 타고 도망가서 그 아이를 데려다 꽃동네에 봉사활동을 시켰는데, 그 아이가 거기에 다녀온 후 너무 감동을 하여 일기를 써서 경찰서에 냈는데 그것을 경찰서와 교육청을 통해 각 학교 게시판에 붙였다고 합니다. 눈 없는 사람, 대소변 가리지 못하는 사람 등에게 하루 봉사를 다녀와서 내가 일생을 남에게 유익을 주며 살아야겠다고 했답니다. 그래서 성주에 봉사활동 하려고 하는 사람이 700여 명이나 모였다고 한답니다.

자식에게 잘 먹이고 호강시키는 것이 그 자식을 위하는 것이 아닙니다. 언제나 흥망성쇠라는 진리가 따라옵니다.

영남대학교 이사장이 경주 최 부자입니다. 그 집안은 100여 년 전부터 잘 사는 사람입니다. 그런데 지금도 그대로 삽니다. 왜 그런 줄 아세요? 재산을 모은 할아버지가 "우리는 절대로 만석 이외는 더 붙여서는 안 된다."고 유언을 하였다는 것입니다. 우리는 만석이면 끝이니 그 외에 더 붙이지 마라. 이것이 철학을 아는 사람입니다.

철학이란 무엇입니까? 돌아오는 이치를 아는 것입니다.

하나인 자리를 깨달아야 합니다

흥(興)한 것이 지나가면 망(亡)이 되고 망이 지나가면 쇠(衰)가 됩니다.

노인들은 '내가 아픈 것이 늙어서 그렇다.' 고 생각해야 합니다. 매일 아프다고 하면 장병에 효자 없다고 합니다. 귀가 따갑게 들어서 그렇지요. 그러니 내가 늙어서 그런가보다 하고 생각하고, 또 내가 퇴직을 하면 무엇을 할 것인가 생각해 보아야 합니다. 그런 것을 다 초월하는 것이 해탈입니다.

유무초월을 해라. 유라고도 할 수 없고, 무라고도 할 수 없는 것이 진리다. 유도 무도 아닌 유무를 총섭한 진리의 당체로서 유에도 무에도 잡히지 않는 마음, 변화를 초월한 자리, 이것이 해탈한 자리입니다. 하나가 되면 다 해탈이 됩니다.

한 손이 잘못해서 한 손을 잘랐다면 다른 손이 한 손을 나무라는 것을 보았는가요? 자기 몸이기 때문에 잘못을 해도 원망하지 않습니다. 그래서 세상을 볼 때에도 너의 몸으로 보라고 했습니다.

침이 없으면 살지 못한다고 합니다. 금타원 박세경 교무님이 암에 걸려 방사선치료를 해서 침이 말라버렸는데 작은 우유병에 물을 담아 가지고 다니면서 그 물로 적셔가며 20년을 살았습니다. 이 침이 본인에게는 굉장히 귀중한데 다른 사람보고 빨아먹으라고 한다면 먹겠습니까? 그러나, 본인은 아무렇지도 않습니다. 그것이 하나이기 때문에 그렇습니다.

일원은 언어도단의 입정처, 이 하나인 자리를 깨달아야 합니다. 그래야 남을 원망하지 않고 감사할 수 있습니다.

여러분들에게 자녀는 하나입니다. 하나임을 깨친 사람은 늙어 죽을 때까지 책임지지만 깨치지 못한 사람은 자녀도 버립니다. 그 사람은 자녀가 자기 몸뚱이임을 알기 때문입니다. 그 애정, 그 자비심을 조금만 늘여보자는 것입니다.

이리경찰서에서 대종사님께 경찰서로 들어오라 하니 가셨습니다. 경찰서장이라는 사람이 대종사님께서 들어가셨는데도 일어서지 않고 의자에 버티고 앉아있어요.

"왜 오라고 했느냐?"고 물으니, 북일 주재소를 지으려 하는데 원불교에서 돈을 내라고 하려고 불렀다고 했답니다.

대종사님께서 "그런 일이야 사람을 시켜도 되고 전화로 해도 되는데 바쁜 사람을 오라고 하느냐." 하며 가시는데 경찰서장이 잘 가시라는 말도 하지 않더랍니다.

대종사님께서 경찰서에 다녀오셨다 하니 총부 대중들이 다 모였습니다. 무슨 일인가 하고 여쭸지요. 그래서 함께 따라간 사람이 경찰서장의 태도에 대해 이야기를 했습니다.

여러분들 그런 경우를 당했을 때 어떻게 하겠습니까?

주산 종사께서 "경찰서장, 그 놈 천벌을 받을 놈이다."면서 화를 내니 대종사님께서 "내 말을 들으라." 하시며, "내가 오늘 일을 겪고 보니 일을 잘 못 벌였다. 이렇게 큰일을 벌여 놓았는데 너희가 그만한 일로 경동을 하니 내가 너희를 믿고 어떻게 가겠느냐."고 하셨답니다.

불법연구회(원불교)는 세계를 구제할 종교입니다.

그래서 "그것이 성을 낼 일인가. 자비심으로 불쌍하게 생각해야지. 어떻게 너희에게 회상을 맡기겠는가." 하신 것입니다.

그때 신심이 없는 사람은 대종사님께서 이적을 나투시어 일본경찰을 혼을 내주기를 바랐는데 대종사님께서는 "천권(天權)을 잡은 사람이 성을 내면 이 우주가 뒤집어지는데 내가 그 사람들이 밉다고 세상을 뒤집으면 어떻게 되겠는가. 세상에 잘못한 사람은 불쌍하게 생각하고, 잘하는 사람은 사랑스럽게 생각하는 것이 부처님의 마음인데 내가 천권을 들이대면 어떻게 되겠는가." 하셨다고 합니다.

천권을 얻은 사람

부교무들이 천권이 무엇이냐고 묻기에 "요즘 대통령이 아무리 잘못 한다고 해도 아직 임기가 한 달 넘게 남았다고 하자. 그 대통령이 안 해서 그렇지 아직은 국회를 해산할 능력도 있고, 대통령 당선자를 무시할 수도 있다. 그것이 정권인데 세상을 조용하게 하기 위하여 가만히 있는 것이다."고 대답했습니다.

대종사님께서도 천권을 잡았기 때문에 벼락을 주기 위해 능력을 부리실 수도 있으나 그렇게 하면 오히려 중생이 크게 상하기 때문에 하지 않으셨습니다.

원불교 초창에 구인 제자들이 하늘에 맹세를 했습니다. 기도 중에 제자 하나가 맹세를 하고는 나가서 술 먹고, 노름을 하니 구인 제자들이 마음이 흔들렸습니다.

'맹세를 하고 술 먹고 노름하면 천벌을 받는다고 했는데 저 사람은 왜 아무렇지도 않은가?' 하고 의심을 한 것입니다. 그랬는데 그 사람이 어느 날 마루에서 떨어져서 3일만에 죽었다고 합니다. 그래서 한 분이 새로 들어왔지요. 그때 한번 본보기를 보이지 않아서 구인 제자의 마음이 다 흔들리면 이 회상이 설 수가 있겠습니까?

법인기도를 통해 법계 인증을 받아야 하는데. 대종사께서 영산 방언을 하고 나니 이웃동네에 사는 부호가 도청에 돈을 들고 가서 "내가 했다"며 허가를 받아서 논을 통째로 차지하려고 하는 일이 벌어졌습니다. 제자들이 분을 못 이겨 했지요.

그래서 대종사님께서 "이 논은 가난한 길룡리 동네 사람들을 위해 막은 것이지 우리만 먹고살려고 논을 막은 것이 아니다. 누가 허가를 내든지 이 동네에는 논이 생기지 않았는가. 내가 어제 밤에 꿈을 꾸니 바닷가 게들이 도청으로 다 진정하러 가더라."고 말씀하셨습니다.

그랬는데 그 사람이 말을 타고 오다가 낙마하여 얼마 안가 죽었다고 합니다.

일원의 체성에 합한 사람, 언어도단의 입정처를 얻은 사람은 천권을 얻은 사람입니다.

이 세상의 이치가 모두 원불교 법대로 돌아가고 있습니다. 개인주의는 안되고, 공도주의, 무아봉공하는 사람이라야 합니다. 앞으로 회사에서도 무아봉공하는 직원은 대우받습니다.

'이것이 인생이다.' 라는 프로그램을 보았습니까?

강원도에서 초등학교만 졸업한 사람이 병든 어머니를 업고 내려와 쌀 반되씩 팔아먹다가 자기 어머니 죽은 줄도 모르고 회사 사장이 준 돈으로 고기를 사왔어요. 방에 들어가서 고기 사왔다며 벽에 기대앉은 어머니를 손으로 흔드니 어머니가 죽어 쓰러지더라는 것입니다. 어린 나이에 어떻게 할 줄 모르자, 8일만에 동네사람들이 장사를 지내주었답니다.

초상을 치르고 벽을 신문으로 바르는데 대우에서 사람을 구하는 광고가 있어 찾아가니 수위가 들어가지 못하게 했어요. 그 때, 간부가 지나가며 그 모습을 보고 물으니 사정이야기를 했습니다. 그 이야기를 듣고 간부가 내일부터 나와서 기계 만드는 사람 보조를 하라고 했습니다. 기계 만드는 사람이 기계를 깨끗이 닦아 놓으라고 하니 밤에 물을 끓여다 기계를 전부 씻었다고 합니다. 그러니 기계가 녹이 나서 제대로 돌아갈 것입니까. 컴퓨터도 물로 씻어서 고장 내고요. 그렇게 고진감래 끝에 오늘날 43살에 그 분야의 장인(1인자)이 되었고, 대학까지 졸업했다고 합니다. 뿐만 아니라 각처를 다니며 강의도 합니다. 한 가지만 뚫고 나가니 그렇게 되었습니다. 한 가지만 가지고 쭉 나가면 그렇게 이적을 얻습니다.

일원은 언어도단의 입정처인데 왜 이 자리를 서원문에 넣어 놓았는가? 그것은 천권을 잡기 위해서입니다. 금강경, 반야심경이 결국 일원상 서원문입니다.

반야심경에 '오온개공 도일체고액' 이라 했고, 또 '색불이공 공불이색 색즉시공 공즉시색 수상행식 역부여시' 그랬습니다. 수(受)는 생각하는 것, 행(行)은 행동하는 것, 그리고 의식도 본래는 없는 자리라는 말입니다.

어느 귀신 붙은 여자가 금강경을 읽고 반야심경을 읽으면서 등을 두드리면 귀신이 잘한다고 노래 부르듯 하더랍니다. 그런데, 그 귀신이 일원상 서원문만 읽으면 하지 말라고 했다고 합니다. 무서우니까요. 그래서 특별 천도재로 그 귀신을 떼었는데, 그 뒤부터 일원상 서원문만 했다고 합니다.

생사문은 생멸의 조화문

일원은 언어도단의 입정처이요 유무초월의 생사문인 바에서 '생사문' 이란, 영지의 작용으로 천지만물과 심신작용이 능히 나타날 수도 있고, 숨을 수도 있다는 말입니다. 그 문은 일심자리만이 아니고, 생사문도 됩니다.

'능히 나타날 수도 있고' 는 생(生)입니다. '숨을 수도 있고' 는 사(死)입니다. 생멸의 조화문입니다.

역대 성자가 일원상 서원문 같은 법설을 내놓은 바가 없습니다.

금강경을 끝까지 읽어보세요. 어떻게 마음을 항복 받을까요. 금강경은 네가 부처님 법을 잘 실행하면 칠보로 천지에 공양하는 것보다 더 크다고 말했습니다.

일원상 서원문의 내용은 공부를 잘 하면 진급도 되고 강급도 되고, 일원의 체성에 합하고 일원이 위력을 얻는다고 하셨습니다. 얼마나 거룩한 경전인지 여러분들은 알고 있는가요? 일원상 서원문만 지성으로 날마다 외워보세요. 큰 힘을 얻을 것입니다.

어떤 여인이 재취로 시집을 갔다고 합니다. 캐비닛 하나가 잠겨있는데, 남편이 손도 못 대게 합니다. 그래서 날마다 남편이 출근을 하고 나면 일원상 서원문을 50독씩 하는데 100일이 지나고 나니 캐비닛이 탁 터지더라는 것입니다. 그리고는 죽은 큰 부인 귀신이 그 안에 있다가 달아났다고 합니다. 그 안에는 금반지 등 갖은 패물이 들어 있었다고 하는데, 거기에 애착이 있어서 그런 모양입니다.

일원상 서원문에 얼마나 무서운 힘이 있는 줄 아세요?

생사문은 한 생각 들이고 한 마음 나오고, 모든 변화가 나타나는 문입니다.

영지광명과 묘유의 조화, 천지만물의 생멸이 이 생사문을 통하지 않고는 이루어지지 않는 조화문(造化門)이요, 내왕문(來往門)입니다.

그래서 천도법문에 "유도 아니요 무도 아닌 그것이나, 그 중에서 무위이화 자동적으로 생겨나 우주는 성주괴공으로 변화하고 만물은 생로병사로 변화하여" 라고 했는데. 바로 이 문에서 나와서 그렇게 됩니다.

여러분들께서 『금강경해의』라고 된 책과 『반야심경』을 풀어놓은 책과 일원상 서원문을 대조해보세요.

부처님은 반야심경에 안이비설신의 육근도 그렇게 되어있고 수상행식도 그렇게 되어 있다고 하셨는데 대종사님께서는 애초부터 신심이 나기를 우주 자연현상을 보고 하셨습니다. 그래서 우주부터 시작이 되어야 합니다. 시작부터 다릅니다. 얼마나 무서우신 분이면 내가 화를 내면 천지가 뒤집어진다고 하셨겠는가. 그렇게 천권을 잡으면 그렇습니다.

그런데, 일심만 잡아도 그렇게 됩니다.

마령에서 박혜련화 할머니가 혼자 살며 양자를 데려다가 들였는데 병이 들었습니다. 얼마나 공부를 많이 했는지 며느리가 구석방에 두고도 밥도 주지 않으니 동네 사람들이 어떻게 할 것인가 걱정을 하자 "나 끌어다가 생매장하지 않은 것만 해도 고맙다." 그러더랍니다.

여러분은 마음공부가 그렇게 되겠습니까?

그 분이 젊은 시절, 백운에서 마령까지 법회를 보러 다니는데요. 당시에 농촌에는 농사짓느라 바빠서 낮에 법회를 보지 못하고 밤에 법회를 보는데 비가 장대처럼 왔습니다.

그런데도 불구하고 강처럼 생긴 내를 건너서 법회에 가려고 한다는데 시동생들이 '이 밤에 비가 저처럼 오는데 어떻게 법회 보러 간다고 하는가. 필시 연애를 하러 다닐 것이다.' 생각하며 몽둥이를 들고 따라갔습니다. 그런데, 박혜련화 씨가 그 앞에서 기도를 하니 큰 냇물이 척 갈라져서 건너가는 겁니다. 시동생들이 그때부터 형수가 하는 일은 묻지도 않았답니다.

이런 기적은 누구든지 1년만 오롯하게 공들이면 일어날 수 있습니다. 정산 종사님께서도 대종사님을 만나시기 전에 귀신을 불러다가 잔치를 하기도 했고 할아버지가 정산 종사하는 일에 반대하다 턱이 내려앉은 적이 있답니다.

정산 종사께서 영산으로 오니 가족들이 다 따라서 왔습니다. 얼마나 그 어린 아들을 무섭게 보았으면 그랬을까요.

대종사님께서 요즘 시대의 엄마들을 만났으면 도인도 되지 못했을 것입니다. 그 산에 날마다 기도를 드리러 가면 감도 싸주시고, 떡도 싸주셨죠. 아버지께서는 움막도 지어주시고. 요즘 엄마 같으면 공부하지 않는다고 아들을 혼냈을 것입니다.

그것을 내가 어떻게 깨쳤느냐 하면 어떤 사람이 컴퓨터 연구를 해서 18살 먹었는데 사장이 되었습니다. 부모들이 못하게 하는데 아들이 끝까지 하니 그 쪽으로 도통을 해버렸답니다. 아버지가 컴퓨터를 부수고 난리가 났었지요.

그걸 보니, 대종사님은 요즘 이런 부모 만나면 도통을 하지 못하였겠구나 싶었습니다. 컴퓨터 사장이 된 이 아이는 학교에서는 공부를 하지 못합니다. 왜 학교에 가서 멍하니 앉아 있다가 선생님께 맞았느냐고 하니 선생님께서 연구도 하지 않고, 참고서에 있는 내용을 그대로 읽어 준다는 것입니다. 그 귀한 시간에 그것을 쓰고 있겠느냐고 했다고 합니다. 컴퓨터에 정신이 팔려 있는데 선생님이 불러주는 것 받아쓰라고 하니 귀에 들어오겠어요? 부모들이 끝까지 반대를 했으면 어떻게 할 뻔했습니까?

여러분, 일원상 진리는 엄청난 진리입니다. 대종사님의 발심이 우주로부터 시작했기 때문에 '일원은 우주만유의 본원이요 제불제성의 심인이요.' 라 했습니다.

바로 우주부터 출발하였습니다.

상주불멸로 여여자연하여

욕심을 없앨 게 아니라 키워야 합니다

노나라 때 어떤 사람이 귀한 구슬을 잃어버렸습니다.

공자가 그 말을 듣고 '노나라 땅에서 잃어버렸으니까 노나라 사람이 주웠겠지.' 했답니다. 대성자라 역시 다릅니다.

그런데, 혹시 그것을 사람이 안 주웠을 수도 있잖아요. 물이실지(物而失地)에 물이득지(物而得地)라 했어요. 물건으로 들어와서 물건으로서 땅에 떨어져 잃어버렸으니 물건을 얻었다 그 말입니다. 사람이 안 주웠을 수도 있잖아요?

원불교 법은 욕심을 없애라가 아니고 욕심을 키우라는 것입니다. 세계를 내 집 삼고 인류를 내 가족 삼으라고 했지, 우리는 없애라는 말은 없습니다.

그리고, 무엇을 참으라고도 안 했고 돌리라고 그랬어요.

우리 성품자리가 그렇게 생겼기 때문에 얼마든지 자기가 개선할 수가 있습니다.

서울에서 택시를 타고 가는데 내 옷이 이상하니까 기사가 "무슨 종교 믿습니까?" 하고 묻기에 "원불교 믿습니다."

그랬더니, "원불교는 무엇을 신앙해요?" 하고 물어요.

그래서 내가 그랬지요. "지금 이 시간에는 내가 기사님을 믿네요." 하고 대답하니 그 사람이 못 알아들어요.

'당신이 기사 노릇 잘 하면 내가 목적지까지 무사히 갈 것이고 잘못하면 내가 중간에 죽을 수도 있으니까 이 시간에는 당신을 믿소.' 그 말입니다. 처처불상이지요.

청주에서 온 아이에게 불전에 심고를 올리라고 했더니 참 예쁘게 올려요. "뭐라고 올렸냐?"고 물었더니 "비행기가 안 떨어지고 여기까지 무사하게 올 수 있어서 고맙다."고 했답니다. 애들도 이치를 깨고 나면 걸림이 없다니까요.

일제 시대에 우리 교리를 적은 책이 요즘 같으면 코도 못 풀 정도로 안 좋은 종이에다가 인쇄를 해서 썼는데 일본 경찰이 늘 감찰하러 나와요. 한번은 총독부에서도 나온다고 했던가봐요. 그러니 황이천 씨가 겁이 나가지고 "종사님, 큰일 났습니다. 총독부에서 이번에는 가만히 안 있을 겁니다."

그 사람들이 와서 원불교에서 가르치는 책 좀 보자고 했어요. 그런데, 사은에 천지 부모 동포 법률밖에 없잖아요. 그것을 트집 잡기 시작한 것입니다.

“당신들 왜 사은에 천황은은 안 넣었느냐.”고 따지니까 “우리는 부처님 은혜로 살지만 불은도 없소.” 했습니다. 아시겠어요? 도통한 양반은 사통오달입니다.

그 사람들이 아무 소리도 못하고 갔어요.

여러분들이 어떤 종교, 어떤 진리를 당해도 대종사님 교법 같은 법은 있지도 않습니다. 전무후무하니까요.

계문도 보세요. 불교는 불살생인데, 원불교는 ‘연고 없이 살생하지 말라.’고 했습니다. ‘연고’ 자가 붙은 데는 할 수도 있는 문제다 그 말입니다. 계문에 ‘연고’자 붙은 데가 여러 군데가 있어요. 이 세상을 살아나가는데 우리가 범할 수도 있는 문제는 ‘연고’ 자를 다 붙여놓았습니다.

그리고 법위등급을 한번 보세요. 어떤 종교가 법위등급이 있어요. 자기가 알아서 갈 일입니다.

보통급은 어떤 자리이고, 특신급은 어떤 자리이고, 법마상전급은 어떤 자리이고 다 뜻이 있잖아요. 여러분들이 읽어보면 내가 법마상전급이구나, 특신급이구나 하고 알지요.

특신급은 불퇴전이 되어야 합니다. 원불교에서 몽둥이질을 해도 원불교 안 믿는다고 나가지 않는 사람이 특신급입니다. 가만히 보니 조금 기분 나쁘면 원불교 안 다녀버려요. 그 사람은 보통급입니다.

다음에 법과 마를 일일이 분석을 하는 사람은 법마상전급입니다. 법이 무엇입니까. 양심이잖아요. 법마 마를 일일이 분석해서 가려내니 법마상전급입니다. 법이 무엇이고 마는 무엇이다는 것을 아는 것입니다.

법력이 뛰어나니 항마위입니다. 항마위에 있는 사람은 법력이 뛰어나야돼요. 다른 사람보다 뛰어나야지 법사가 됐는데 법력도 안 뛰어나고 얄미운 짓이나 하면 그것은 큰일입니다.

걸어가신 법신불

법신불이라고 했다가 일원상이라고 했다가 그러니 잘 모르겠습니까?

압해도라는 섬에 교당이 있는데, 거기 할머니 교도들이 '거룩하신 법신불'을 못하고 '걸어가신 법신불'이라고 그런답니다. 그 사람들이 걸어가는 법신불이라고 해도 신앙에 아무 지장이 없어요.

법신불은 무엇이고 일원상은 무엇인가요?

(답) 하나요.

그런데 왜 그 하나가 이랬다저랬다 하지요? 어떤 때는 법신불이라고 했다가 어떤 때는 일원상이라고 했다가 왜 그럴까요?

(답) 일원상은 모양을 이야기한 것이고 법신불은 진리 자리를 말하는 것입니다.

박수 쳐주세요.(대중 뜨거운 박수)

여러분 사진 있죠? 그것은 사진이지 사람은 아니잖아요.

'법신불' 그러면 보이지 않는 것을 법신불이라고 합니다. 그런데 '일원상' 이것은 법신불의 사진입니다. 그리고 우리가 '법신불' 하면 보이지도 않고 어떻게 생겼는지 모르니까 형상으로 그려서 봉안을 해줘야 될 것 아니에요. 이것을 없애놓고 법신불 어디 있느냐고 그러면 법신불을 어디에서 찾을 것입니까?

표본이 있어야 거기에 대고 절도 하고 기도도 하지요. 마치 글씨 쓰는 사람이 체본으로 삼는 것과 똑같은 것입니다. 옛날에 할머니들이 버선 만들 때 쓰는 버선본과 똑같이 생긴 거라고요.

이렇게 형상으로 그려진 것은 일원상이라 하고 형상 그리기 이전을 법신불이라고 합니다.

절에 가면 부처님이 서가모니 부처님 한 분만 있는 게 아니라 부처님 세 분을 모셨습니다. 가운데 불상을 청정법신불이라고 합니다. 그것도 일반 대중은 청정법신불이 무엇인지 모르니까 형상으로 만들어 놓은 것입니다. 가운데 금불이 서가모니 부처님이 아닙니다. 그 옆에는 백억화신불 이라고 써있지요. 그것은 서가모니 부처님을 상징해 놓은 불상입니다. 그렇지만 진짜 서가모니 부처님은 아니고, 백억 가지 부처님 화신 중에 한 분입니다.

형상이 있는 것은 변합니다

제가 오늘 아침에 30분 정도 앉아서 생각해보니 세상에 우스운 것이 몇 가지가 있어요.

조선시대에 대역죄를 지으면 목을 쳐 가지고 남대문 앞에 달아놓았습니다.

그런데, 예수님도 십자가에 못 박혀 있는데 그것이 형틀입니다. 예수님이 십자가에 못으로 박혀서 사형 받은 것이라고요. 그것을 어떻게 해서 이천년 동안 대롱대롱 달아놓고 지금까지 지내는지 알 수가 없어요. 예수가 이렇게 십자가에 못을 박혀 죽었다고 표시한 것 아닙니까. 얼마나 참혹한 현상입니까. 그 뒤 기독교에는 진짜 성자가 안나와요; 만약 진짜 성자가 나왔으면 십자가 없애버리고 예수님을 앉혀놓든지 목회를 하는 장면을 취해놓든지 해야되는데 십자가에다가 대롱대롱 달아놓고, 그것도 모자라 이제는 여자들 귀걸이에다가 달고 다니지 목걸이에다가 달고 다니지 별 희한한 짓을 다하고 다닙니다.

또 스탈린하고 모택동하고 김일성도 마찬가지예요. 사람이 죽으면 땅 속으로 들어가서 지수화풍 자연으로 돌아가야지. 여러분 소련에 한번 가보세요. 오후 4시쯤인가 되면 지하 23미터 밑에서부터 승강기로 그 시체가 올라옵니다. 그래서 관광하러 온 사람들이 다 보고 나면 다시 내려가요. 중국에도 가면 그렇게 해놓았어요. 모택동도 올라갔다 내려갔다 시체를 호실하고 있으면서 사람들에게 다 구경을 시키고 있습니다. 김일성도 그 본을 보고 올라갔다 내려갔다 하는 지는 모르지만 그렇게 해놓았습니다.

한번 생각해보세요. 사람이 죽으면 지수화풍으로 흩어져야지 그 이념을 지킨다고 얼마나 사람을 많이 죽였는데, 세상 사람 다 보라고 올라갔다 내려갔다 해놓아요. 앞으로도 몇 년을 하고 있을지 모르지요.

사람이 죽어서 박살이 나거나 죽도록 혼이 나면 혼비백산(魂飛魄散)한다고 합니다. 혼비, 혼은 날아가고, 백은 흩어진다는 말입니다. 백은 몸뚱이입니다.

삼원 칠백 이라고 그럽니다. 혼은 세 개고 백은 일곱 가지, 이목구비가 일곱 가지라고 내가 이야기했지요.

형상이 있는 것은 언젠가는 변하는 건데 왜 그리 호실을 하고 있는지 알 수가 없어요.

일원상 서원문의 끝에 가면 '일원의 체성에 합하도록 까지 서원함' 그러잖아요.

지금 제가 설명하고 있는 모든 변화는 결국 우리가 일원의 체성에 합하도록 까지 노력을 하기 위해서 서원을 하는 것입니다. 지금 제가 하고 있는 것은 흩어진 게 아니고 합치는 것입니다.

일원상 속성이 네 가지가 있는데 첫째는 자족원만(自足圓滿)이라고 합니다. 스스로 족해서 원만해요. 일원상 법신불 속에 없는 게 없이 다 갖춰져 있어요. 머리카락만큼도 모자란 게 없이 스스로 족해서 다 원만히 갖춰져 있습니다.

두번째는 만물동원(萬物同源)입니다. 만물이 전부 다 법신불에 근원을 하고 있어요. 뿌리를 내리고 있어요.

세번째는 순환무궁(循環無窮)입니다. 법신불은 돌고 돌아서 순환무궁입니다. 법신불 일원상을 한번 그려보세요. 시작이 어디예요? 시작도 없고 끝도 없습니다. 역사적으로 몇 만 년 전에 원숭이가 변해서 사람이 되었다고 하지만, 사람은 사람이고 토끼는 토끼지요.

내가 어제는 유리창으로 내다보니까 시커먼 흑인이 짐을 짊어지고 여기로 들어가더라고요. 나는 어릴 때, 검둥이는 아프리카 너무 더운데 태어나서 시커먼 줄 알았거든요. 그런데 오늘 보니까 종자가 따로 있는 것 같아요. 미국에 살아도 왜 그렇게 시커먼 줄 알아요? 그게 돌연변이가 있을지 모르지만 종자가 있지요.

네번째는 무시무종(無始無終)입니다. 닭이 먼저 났느냐 계란이 먼저 났느냐. 아무리 따져 봐요. 뭐가 먼저 났어요? 저는 계란이 먼저 났다고 생각이 드네요. 닭이 계란 속에서 나왔잖아요. 그렇죠?

일원은 여여자연합니다

그래서 일원(一圓)은 유상(有常)으로 보면 상주불멸(常住不滅)로 여여자연(如如自然)하다고 했습니다.

여러분, 밤이 오고 낮이 오고 겨울이 가고 봄이 오고 이것이 한번이라도 끝나는 일이 있던가요? 그것이 변화가 없다 그 말입니다. 전체를 보면 여여자연 상주불멸입니다.

대(大) 자리에서 보면 여여자연입니다. 우리가 오늘 저녁에 다 죽는다면 어떻게 될까요? 그렇지만 또 누워 자고 나서 내일이 되면 또 일어나고 또 자고 일어나고 이게 여여자연입니다. 그게 무위이화자동적(無爲而化自動的)이라는 것입니다. 이 우주는 변화가 없어요.

달이 몇 개인지 아세요? 저 우주에 가서 보면 이 지구도 달같이 생겨서 훤하답니다. '달도 하나요, 해도 하나요, 사랑도 하나.' 라는 노래가 있잖아요.

여러분한테 물어볼 게 또 있습니다. 염라대왕은 한국 염라대왕 따로 있고 미국 염라대왕 따로 있나요? '사랑과 영혼' 이란 영화가 너무 유명하다기에 보러 갔지요. 미국 귀신들은 전부 양복을 입었대요. 미국 염라대왕은 안 봤지만 귀신들이 돌아다니는데 전부 양복을 입었어요. 그런데 한국 귀신들은 전부 한복 입었거든요. 염라대왕은 어디 있어요?

양복 입은 사람도 있고 한복 입은 사람도 있던데 그래도 하나예요?

(대답) 하나입니다.

제법이네요. 염라대왕도 하나잖아요. 그것은 진리가 하나라는 소리예요.

한국에서는 사람이 죽으면 짚신 3켤레, 밥도 3그릇 그렇게 해놓지요? 그럼 하나는 누구 것입니까?

또 아기 태어날 때 삼시랑 단지가 있어요. 왜 삼시랑입니까? 왜 삼신이냐고요. 사람이 태어날 때도 삼신이 있고 죽어서 가는 길도 세 개인가 봐요. 짚신 3개 놓고 또 밥도 세그릇 퍼놓고 그렇게 해놓더라고요.

염라대왕도 하나, 진리도 하나, 달도 하나, 해도 하나 그런데 어째서 가는 데도 세 개고 오는 데도 세 개입니까?

사람이 저승으로 가는 세계를 무엇으로 비유하느냐 하면 해와 달이 일직사자, 월직사자 그럽니다. 사람이 죽는데 저승에서 귀신이 와서 잡아가는 것이 아니고 해가 가고 달이 간다. 일직사자가 등을 밀고 월직사자가 손을 끌고 그렇게 세월이 늙어서 가는 것입니다.

여여자연을 이야기 하다가 내가 이런 이야기를 하네요.

짚신 세 켤레는 저승사자인 일직사자, 월직사자 둘이고 하나는 본인이라고요. 그래서 세 개를 만들어 놓은 것이지요. 법신, 보신, 화신이 아닙니다.

올 때도 삼시랑단지 아버지신, 어머니신, 내신입니다. 나하고 어머니하고 아버지하고 합쳐야 사람이 태어날 것 아닙니까? 이제 삼시랑이 무엇인지 알겠지요.

요즘 보면, 본인의 생일인데 남편보고 생일 꽃 안 사다준다고 싸움을 하고, 결혼기념일 안 해준다고 난리지요? 왜 자기가 미역국을 먹어야 합니까? 엄마가 먹어야지. 엄마가 얼마나 고생을 하고 낳았는데.

이렇게 삼신이라는 것도 본인, 아버지, 어머니 이 세 사람 신이 합쳐야 아기가 태어나지 두 사람만 있어도 안돼요. 또 태기 있는 사람이 있어야 사람 하나가 태어날 것 아니에요.

누구보고 "아기가 될 때 남자는 어떻게 되고 여자는 어떻게 되냐?"고 물으니까 남자도 여자도 다 남자 탓이랍니다.(여자는 XX 염색체, 남자는 XY 염색체) 그럼 남자한테 달렸으니 딸을 낳아도 원망을 못하겠고, 아들을 낳아도 원망을 못하겠고, 못 낳아도 원망을 못하는 거예요. 그렇지만 삼시랑이라는 것은 아버지신, 어머니신, 내신 이게 합쳐서 사람 하나 태어나고 갈 때도 월직사자, 일직사자, 본인 그렇게 해서 셋이 가는 것입니다. 그래서 이게 영원토록 변화가 없어요. 여여자연 해요. 사람이 태어나면 늙고 병들고 죽고 여여자연 합니다. 전체를 보면 그렇다 그 말입니다.

모레가 정월 보름이지요. 그래서 내가 우리 교무들보고 "여기(미국 시카고)는 설을 어떻게 지내느냐?"고 물었더니 "설도 없는데 보름이 어디 있겠어요." 합니다.

그런데, 어제 밥하는 사람들이 와서 "아이고, 선생님 됐어요." 그러더라고요. 그래서 "뭣이 됐소." 하고 물으니 이틀 지나면 보름이니까 찰밥을 해야겠다고 그래요.

찰밥은 왜 하는 줄 아세요? 보름은 왜 지내는지 알아요? 설은 우리가 한 살 더 먹는다고 설을 지내지만, 한국풍속으로 보름날은 모든 짐승들도 대접하는 날입니다. 그래서 어릴 때 보면 키에다가 밥하고 나물하고 차려 가지고 소한테 갖다 미는데, 소가 밥을 먼저 먹으면 풍년이 들고 나물을 먼저 먹으면 흉년이 든다고 그랬어요. 그리고 까마귀, 까치 먹으라고 밥을 담벼락 위에도 올려놓고 했지요. 짐승들 대접하는 날입니다.

한국풍속이 자기만 생각하는 게 아니고 사람 위주도 아니고 짐승들까지 대접할 줄 아는 것입니다. 이렇게 만물이 하나예요. 만물동근(萬物同根)이라고 했잖아요. 만물이 일원에 근원을 해서 하나예요. 사는 것이 다 하나입니다.

아침에 상 차려 놓으면 배추도 있고 파도 있고 모든 것이 다 올라올텐데 그것 다 먹어야 돼요. 이 만물이 동근입니다.

그래서 전체를 보면 밤이 가고 여름이 가고 이렇게 음양상승이 되는 이 이치가 여여자연 입니다. 한번 왔다가 끝나는 게 아닙니다.

이 우주진리가 유상으로 보면, 여여자연 합니다.

그러나, '무상으로 보면' 이라 했는데, 이것은 또 소 자리로 봐야 돼요.

제가 처음 말한 것은 대 자리이지만 큰 틀에서 본 견지이고 작은 틀에서 보면 시시각각으로 변한다 그 말입니다.

우주는 성주괴공 만물은 생로병사로 변화

무상으로 보면

요즘은 연원교당을 내면 교당을 지어서 낸다고 합니다. 거기에다 전기제품이고 무엇이고 다 사주고요. 그렇게 안 하려면 지금은 교당 내려고 꿈에도 생각 안 해야 된답니다.

우리가 개척교화 할 때는 남의 곁방에다가 숟가락 하나도 안 주고 사람만 갖다 넣어놓았어요. 저는 부임하던 그날 밤에 냄비 하나, 숟가락 하나 사서 그 다음날 아침에 밥 끓여먹었거든요.

하긴 시대가 변하긴 변했어요.

예전에는 시어머니와 며느리가 싸움을 하다가 어쩌고저쩌고 했다는 등 그런 이야기만 해도 통했어요. 그런데, 지금은 교리로만 이야기를 해야 되니 아주 어렵습니다. 제가 할머니들하고 교리를 이야기하는데 어떻게 알아듣겠어요.

'일원은 언어도단의 입정처요' 이것으로 한 달을 말씀드렸는데 우리 할머니들이 모르겠대요. 남자 교도님들도 못 알아듣겠어요?

작년 4월 28일 대각개교절을 기념해서 총부에서 성리법문을 했거든요. 남자 법사 둘하고, 여자는 저 하나이고요. 제가 가운데 들었어요. 제가 행사 주관자한테 나를 끝에 넣지 왜 가운데에 놓았느냐고 물으니, 장응철 교정원장님이 당신을 끝에다 넣으라고 했답니다. 그런데, 사람들이 내 이야기를 듣고 보니 앞에 분 것도 이해가 되고 뒷 분 것도 이해가 된다는 것입니다.

성리라는 게 그렇게 어려운 겁니다. 왜냐하면, 여러분들이 체험을 안 해봤잖아요. 좌선을 한다고 해봐야 거기에 가보지도 않았고요.

대종사님께서 법신불 자리인 일원은 언어도단의 입정처이지만 유무초월도 다 들었고 유무도 다 들었고 또 천지 부모 동포 법률도 거기에 다 근본이 되어있고 또 제불조사 범부중생도 하나라고 그러셨습니다. 그 자리에서는 부처다, 중생이다, 마음이다 이것이 다 분별심입니다. 그 자리는 부처도 없고 마음도 없고 중생도 없는 자리입니다. 그런데, 그 없는 자리로서 하나이지만 그 하나라는 소리도 여러분들이 그냥 하나로만 보면 안돼요. 또 그냥 공(空)이라고 해도 안돼요. '절대 공' 입니다. '절대' 를 붙여야 돼요. 그냥 하나로 보면 두개가 붙어서 또 하나가 따라붙어요. 공(空) 하면 유(有)가 붙어요.

끊어진 자리 그 자리는 하나 둘 이게 아니고 절대 일, 절대 공, 절대 무입니다.

그것은 분별을 내는 게 아니고, 하나 둘 이것도 아니고, 유하면 무 이것도 아니며, 공하면 유 이것도 아니고, '절대' 자리입니다. 그런 저런 자리가 끊어진 자리예요.

할머니들이 이것을 어떻게 알아듣겠어요. 그러니 노는 입에 염불한다고 날마다 교당에 오세요. 일원상 진리를 깨우쳐서 금세 안다든지 하는 것은 쉽지 않아요.

'범부중생의 성품으로' 까지는 분별을 내는 자리가 아닙니다. 부처다, 중생이다, 마음이다, 법이다 하고 내는 데가 아니라고요. 없는 자리입니다. 없다 하면 또 있기 때문에 절대유무이다, 절대 공이다, 절대 일이다 그 말입니다.

그러나, 능히 유상으로도 볼 수 있고, 무상으로도 볼 수 있고, 있는 자리로 볼 수도 있고, 없는 자리로도 볼 수가 있고, 불변한 자리로 볼 수도 있고, 변하는 자리로 볼 수가 있습니다.

변치 않는 자리로 보니까 상주불멸로 여여자연해요. 반대로 변하는 자리를 보면 우주는 성주괴공으로 변해 버립니다. 일원상이 참 기기묘묘하죠? 별것이 다 들어 있어요.

변하는 자리로 보면 성주괴공 합니다

변하는 자리로 보니까 우주가 성·주·괴·공으로 변합니다. 이 지구만 변하는 게 아닙니다. 달나라 간 사람이 전하기를 달에도 분화구가 있고 물이 마른 자리가 있다고 그러잖아요. 그러니 달도 다 변하고 있고 우주가 그렇게 변하고 있습니다.

변치 않는 자리를 보면 상주불멸로 여여자연 하지만 변하는 자리로 보면 우주는 성주괴공을 합니다.

내가 회장님한테 "미국은 어디가 괴(壞)요?" 하고 물으니까 저 플로리다 쪽이 물 속으로 들어간다고 하시더군요. 그러면 또 어디 올라가는 데가 있을 겁니다. 한쪽은 올라가고 한쪽은 내려가고 이렇게 될 것입니다. 그리고 이 지구가 온난화가 되면 얼음산이 다 녹는답니다. 북극에 얼음산이 녹으면 바닷물이 불어나서 한쪽이 완전히 물로 들어찬다고 합니다. 이게 금세 1, 2년에 되는 것도 아니고 서서히 보이지 않게 느끼지 못하게 괴로 돌아가요. 가만히 있는 데는 주(住)입니다. 한쪽은 괴가 되고 한쪽은 성이 되고 이렇게 하는데 가운데가 주입니다. 이 우주가 그렇게 됩니다.

여러분들, 이스라엘과 팔레스타인이 전쟁을 하지요. 저렇게 가다가는 천 년이 가도 평화가 안 옵니다. 그렇게 신만 믿는 사람들은 전쟁이 끊임없습니다.

우리 불제자는 변하는 이치도 알고 변치 않는 이치도 알고 이 모든 이치가 내 마음에 달렸다는 것도 압니다. 그래서, 싸움이 붙어도 바로 자기 본성자리로 돌아갑니다. 이게 이성으로 해야지 감정으로 할 일이 아닙니다. 부부 싸움도 이성으로 돌아가야지 감정으로 하면 금세 다 이혼하지요.

금생에 내가 잘못하지 않았는데 내가 당하게 될 때는 이게 전생 업장인가 보다 하지요. 불제자들은 그렇게 생각하니 전쟁을 안 합니다.

여러분, 사은의 은혜를 한번 생각해보세요. 어떻게 싸움을 하겠는가. 금생에 공기만 없으면 여기 있는 사람들 다 죽는데, 누구를 원망합니까? 그 큰 은혜를 입어놓고요. 의식주가 없어서 죽지, 해와 달이 없어도 죽지, 부모가 없으면 이 몸 나오지도 못하지, 이런 것을 전부 다 우리는 은혜로 생각하기 때문에 싸움이라는 것은 있을 수가 없는 일입니다.

싸움한다면 원불교 원자도 모르는 사람입니다. 사람이 감정이 있기 때문에 혹 싸움을 하기도 하지요. 그러나, 본래자리로 돌아오면, 평화잖아요.

가정에도 성주괴공이 있습니다.

어떤 할아버지가 지게 지어가며 애써 벌어 놓으니까 자식들 대에는 그래도 잘 살지요. 그런데, 손주 때 와서는 무너져버려요. 할아버지 때 천석꾼이라고 자식 때도 천석꾼, 손자 때도 천석꾼은 되는 경우는 없습니다.

달도 차면 기운다고 안 해요? 달도 보름 동안에는 쭉 성으로 올라오는 것입니다. 달도 성으로 돼요. 그러나 보름 지나고 나면 또 괴로 돌아가요.

우리 인생도 자꾸 변합니다. 우리 마음자리를 놓고 어제 일기하고 오늘하고 대조를 한번 해보세요. 어제 난리 날 때는 사람 다 잡아먹을 것 같이 생겼는데 오늘은 무엇이 어디 가다가 혼났어요?

회장님이 필라델피아인지 어디에 회의 갔다가 비행기가 안 떠가지고 난리가 났어요. 그렇지만, 오늘은 또 화창한 봄 날씨인데 이게 우리 본래마음입니다. 이것을 찾아야지 밉다 곱다 하는 마음은 참마음이 아닙니다.

마음에도, 가정에도 성주괴공은 있습니다

우리 마음에도 성주괴공이 있고 육신에도 가정에도 성주괴공이 있고 사람이 인생을 살아나가는데도 성주괴공이 있습니다. 자기가 공부를 해 가지고 올라갈 때는 성(成)이지요. 드 한창 직장생활하고 돈을 잘 벌을 때는 주(住)입니다. 그리고 또 이제 늙으면 직장도 떨어지고 무엇도 떨어지고 하지요. 모든 이치가 다 그렇습니다. 가만히 있는 것은 하나도 없습니다.

용주산에 가면 천오백 년이나 된 은행나무가 있습니다. 그것을 보호하려고 사방에다가 프라스틱도 붙여놓고 양철도 붙여놓고 흙도 붙여놓고 그랬어요. 많이 가봐야 몇 백 년 몇 천 년 아닙니까. 이 우주 내에 있는 것은 다 그렇습니다. 만물이 생로병사입니다.

그러니 우리가 무엇을 가지고 내 것이다 네 것이다 많이 차지하려고 싸울 게 뭐가 있습니까?

제가 정산 종사님께 “나라를 위한다고 양쪽에서 싸움하면 이쪽도 죽고 저쪽도 죽고 그러는데 무엇이 정의입니까?” 하고 여쭸더니 “먼저 붙은 놈이 나쁘다.”고 그러셨습니다.

앞으로는 어떤 나라가 됐든지 어떤 개인이 됐든지 먼저 싸움 붙인 사람이 진다는 것입니다. 그게 불의라는 것입니다. 그래서 이 우주 내에 있는 것은 성주괴공으로 변화하고 또 생로병사로 변화합니다.

다이아몬드보다 강한 것

이 세계에 모든 것이 시시각각으로 변하는 데 변하지 않는 것이 하나가 있습니다. 무엇일까요?

(답) 진리자리입니다.

진리도 변하는 것이 있고 안 변하는 것이 있습니다. 진리를 말할 때도 변, 불변이 있어요. 내가 말하는 것은 세상에 변하지 않는 게 있어요. 뭐죠?

(답) 대종사님에 대한 믿음이요.

(대중들 웃음)

세상에 쉬운 것입니다. 금입니다, 금. 순금은 세월이 지나도 안 변합니다. 그래서 금이라 했어요. 결혼식 할 때 왜 금반지를 주고받습니까? 변치 말고 살자고 주고받지요. 그런데, 요즈음은 사흘도 안돼서 변해요.

제기 어떻게 그것을 알았느냐 하면 경주에서 고분을 발굴하고 보니까 그렇게 오랜 세월이 지났는데 전부 다 그대로예요, 동서양을 물론하고 순금은 안 변한다 이 말입니다.

그런데 이 세상에서 제일 강한 것이 있습니다. 뭐예요?

(답) 다이아몬드요.

유리 자르는 칼이 있죠. 그 끝에 조그맣게 다이아몬드가 박혀 있습니다. 이 다이아몬드를 금강(金剛)이라고 하지요.

그래서 부처님 경전을 금강경이라 합니다. 산도 금강산이라 하고요.

그러면 제일 긴 시간을 뭐라 하는가요?

겁이라 하잖아요. 영겁에서 영겁으로.

제일 짧은 것을 뭐라 하는가요?

(답) 찰라 라고 합니다.

그래요. 찰라 랍니다. 우리말로 순간이라 합니다. 순간은 눈 깜박하는 것을 말합니다.

그런데, 부처님 법설을 금이야 옥이라 하고, 세계에서 제일 강한 것이 금강석인데 무슨 기계를 가지고 그 반지를 만들고 했는지 의심이 나지 않나요? 금강석보다 강한 것이 있으니 그렇게 다듬었을 것 아닙니까?

요즘 애들 앉혀 놓고 수수께끼를 내라고 했더니, 어른들이 못 맞춰요. 하나 가르쳐줘요?

금강석, 다이아몬드는 빈철이 때문에 녹는답니다. 빈철이가 뭔 줄 알아요. 세상에서 제일 못쓰는 것을 빈철이라 하지 않아요? 재미있죠? 나도 화학박사가 아니어서 모르는데 경전에 써 있더라고, 부처님은 왜 그렇게 잘 아셨나 몰라요.

우리가 말하기를 부처님 지혜를 태양보다 더 밝다고 했습니다. 그런데 그 지혜를 없애는 것이 무엇이냐 하면 간단해요. 바로 사심잡념입니다. 금강석을 빈철이 녹이듯, 부처님의 지혜 광명을 없애는 것도 사심잡념 때문입니다. 사심이 들면 지혜가 어두워져버려요.

겁이라 하는 것은 셀 수가 없는 것입니다. 영겁이라고 하는 것은 말할 것도 없지요.

산천이 한번 물속에 들어갔다 다시 나오는 그 기간을 일 겁이라고 합니다. 그냥 하루 이틀이 아닙니다. 그런데 '영겁으로 영겁으로' 하니 말할 것도 없습니다.

성주괴공으로 변화하는 우주

전라북도 진안에 있는 마이산 가본 사람 있어요?

마이산(馬耳山)은 말귀 같이 생겼대서 마이산이라고 합니다. 마이산에 가보면 굴이 있는데, 그 바위가 수성암으로 되어 있습니다. 수성암은 물속에서 이루어진 바위입니다. 굴 속을 쳐다보면 콘크리트 마냥 큰 돌 작은 돌 모래들이 다 뒤섞여서 바위가 되었는데, 그 사이에서 물이 떨어집니다. 그것은 수성암이라고 한답니다. 수천 년이 지나고 수만 년이 지나도 물속에서 돌이 형성이 되나봐요. 그런데, 마이산만 그러는 것이 아니라 진안의 계곡도 다 수성암으로 되어 있습니다. 큰 돌덩이가 아니고 여러 가지 돌멩이가 합쳐져서 콘크리트 만들어지듯 만들어져 있습니다.

여러분, 익산에 가보았어요? 내가 처음 익산에 올 때, 차 속에서 들판을 보니까 여기저기 시커먼 것을 널어놓았더라고요. 저것이 무엇이야 했더니, 그것이 토탄이라고 했습니다. 토탄은 수목이 일시에 물속에 들어가서 뻘로 뒤덮여서 생긴 것이랍니다.

나무가 몇 천 년이 지나고 썩어서 토탄이 돼요. 총부에서도 그것 가지고 불을 땠어요.

토탄이 얼마동안 시간이 지나면 바위덩어리가 돼요.

내가 왜 이 이야기를 하느냐 하면 영겁에서 일겁이 되면 이런 현상이 일어난다 그 말입니다.

만경이나 강경은 바다였습니다. 성할 때는 그렇게 바다가 자꾸 육지가 되어 가는 겁니다. 서해바다에 물이 빠지면 끝도 가도 없이 개펄이고 물이 없습니다. 그런데, 동해는 그렇게 안됩니다.

우주는 성주괴공으로 이루어지는데, 바다가 변해서 육지가 되는 과정을 성이라 합니다. 이룰 성(成)자 성입니다.

대종사님께서 감 얹어놓고 기도 올린 삼밭재 마당바위 있죠. 내가 원불교 온 지 48년쯤 되는데 수십 년 전에는 그냥 앉아 있을만할 정도였어요. 그런데, 3년 전에 갔더니 자꾸 미끄러져요. 한 쪽이 자꾸 올라오는 중이라 그렇습니다.

그러니까 여러분들이 한국을 사랑해야지, 미국 좋다고 미국에 자꾸 올 일이 아닙니다. 한국은 성 시대에 들어섰습니다. 그래서 정주영씨가 서산 앞 바다를 막아서 비행기로 씨앗도 뿌리고 거름도 하고, 하루 종일 콤바인으로 나락을 베고 트럭으로 밤새도록 나르더라고요. 수십년 전만 해도 그곳이 바다였지요. 지금도 새만금 때문에 난리이지 않습니까. 계화도도 아주 많이 막아서 논이 된 것입니다. 우리 길룡리도 그렇지만 서해는 계속 그렇게 변합니다.

몇 년이 걸릴지 모르나 일본은 '들 입(入)' 자랍니다.

일본은 바다 속으로 들어가고 있고 한국은 바다 속에서 올라오고 있답니다.

그냥 이렇게 상주불멸로 여여자연 하는 것도 그렇지만, 성주괴공도 수억 겁을 지나서 되는 것이지 일시적으로 성주괴공이 되는 것이 아닙니다. 한국 땅은 계속해서 넓어집니다. 지도가 자꾸 바뀌어 진답니다. 영산강도 박정희 대통령 때 막았는데 그것을 안 막으면 군 3개 정도가 바닷물이 들어와서 농사도 못 지었답니다. 영산강댐은 하구언 수문을 만들어서 조절을 합니다.

부안 변산에 있는 하섬도 물이 빠지면 걸어갑니다. 물이 빠지면 걸어가지 물 들어오면 바다지. 진도도 가보면 모세의 기적이라고 6월 말인가 3월 초인가 여기서 저 끄트머리까지 길이 납니다. 옛날에는 그런 일이 없었습니다. 성이라는 것은 그런 것을 일러서 성이라 합니다.

마이산에 가면 산꼭대기에 조개껍질이 있습니다. 수억만 년 전에는 바다 속이었습니다. 그런데 지금은 육지가 되어 있고. 그럴 때 익산이나 만경은 완전히 깊은 바다였겠지요.

성주괴공이라는 것은 그런 식으로 해서 억겁 년을 통해놓고 바다가 변해서 육지가 되고, 육지가 변해서 다음에 주(住)시대가 되고, 주시대가 수겁으로 지나가고요.

바다 속으로 들어가는 것은 괴입니다. 그리고 완전히 바다가 되는 것은 공입니다.

그런데, 공(空) 이것이 일이 년이 아니라 겁을 통해서 가는 것입니다. 겁을 통해서 우주가 변합니다.

이 우주라는 것은 가만히 있는 것이 아니고 찰라찰라 계속 변하는데 몇 겁을 통해서 그렇게 됩니다. 그렇게 계속해서 바다가 육지가 되면, 영광 법성포 칠산 바다는 고속도로가 된다고 합니다. 옛날에는 법성포 앞에 조기잡이를 했는데 지금은 뻘밭이 다 돼버려서 배 하나도 못 들어옵니다.

전설에 칠산 앞바다에 범시왕이 나서 도읍터를 만들 것이라고 합니다. 앞으로 한국이 성시대로 가니 그렇게 됩니다.

여러분, 바다 막아서 나라 만든 네덜란드는 물 퍼내는 나라라면서요?

이렇게 육지가 변해서 바다가 된 나라가 있고 바다가 변해서 육지가 되는 나라도 있고 그런데, 한국은 성 시대에 접어들었답니다. 성시대도 몇 겁을 기다려야 성시대가 되는데 또 주시대가 또 몇 겁을 지나야 주시대가 됩니다. 그렇게 우주는 성주괴공으로 계속 변하고 있습니다. 그것도 부분적으로 되는 것도 있습니다. 부분적으로 산 깎아서 없어지면 그것도 괴고, 또 언덕이 무너져서 밭이 되는 것도 괴고, 부분적으로도 성주괴공이 계속 이루어지고 전체적으로도 그렇게 변합니다.

생로병사로 변화하는 만물

만물 즉 우주의 모든 물건은 생로병사, 생하면 늙고 병들면 죽습니다. 사람만 그런 것이 아니라 모든 생명체, 모든 만물들이 다 생로병사로 시시각각 변합니다. 사람은 앞으로 100살을 산다고 합니다. 옛날에는 50년 60년밖에 못살았지만 계속해서 수명이 길어진 것입니다.

그런데 거북이가 수명이 제일 길다고 합니다. 사람들이 물에 빠지면 거북이가 업고 육지까지 데려다 준다는 이야기가 있습니다. 신문기사에서 보았는데, 거북이 등에 업혀서 살아 나온 사람이 어머니가 불교를 믿어서 그렇답니다. 그런데, 그게 아니고 거북이는 자기 몸에 사람이든 뭐든 업혀 있으면 물에 들어가는 법이 없이 둥둥 떠서 온답니다.

만물은 이렇게 생로병사로 변하지, 그냥 가만히 있는 것은 없습니다. 찰라찰라 변하지요.

제가 이마에 있는 흉터를 나으려고 늘 약을 바르면서 '내가 이것을 뭐 하려고 바르나.' 하고 쳐다봐요. 이대로 죽으면 묻혀서 내버릴텐데 뭐하려고 나으려고 애를 쓰나.

가만히 방에서 드러누워 있으면 그대로 가는 것이지 영원히 가는 것은 하나도 없습니다.

우주가 성주괴공으로 변하듯이 만물은 생로병사로 변합니다. 이제 어찌되는 판인지 알겠어요?

설에 고기가 들어와서 장조림을 하는데 여자 교무님이 장을 먼저 부어놓았습니다.

"그것 장부터 붓는 게 아니고 물에 삶아 가지고 하는가 보더라." 하니 그것을 도로 건져서 물에 삶았습니다. 그래도 남의 집에서 먹어본 것 같은 맛이 나지 않아 요리책을 가져오라고 했습니다. 그 책을 보니 물에 40여분 삶아 간장을 붓는다고 되어 있어 정아 씨에게 그 이야기를 했더니 찢어지지 않으면 썰어서 먹으라고 하더군요.

그 일을 겪고 나서 생각하기를 우리가 늘 연단에서 설교를 하면서 아는 척은 다하는데 이것도 못하니 교도들이 이것을 보면 얼마나 우습겠나 싶었습니다.

저도 집에서 클 때, 사람이 많아 김치 한번 담아보지 않았습니다. 어머니께서 옷은 일년에 한번, 이년에 한번 해 입지만, 음식은 매일 해먹기 때문에 잘해야 한다고 하시면서도 가르치지 않았습니다. 그래도 먹어본 가늠은 있어서 맛있고 맛없는 것은 압니다.

일원상의 진리에 보면, 우주만유의 진리를 손바닥 위의 구슬 보듯 환히 안다고 하셨습니다.

대종사님께서 총부에 정원을 만들어 놓으셨는데, 큰아드님인 숭산 법사께서 미국을 가니 그 정원이 있더랍니다. 그래서 "우리 아버지는 미국도 가지 않으셨는데 이런 것까지 어떻게 아셨을까." 그랬답니다.

한번은 황정신행 씨가 총부에 내려오자 "빨리 집에 올라가 보라."고 하셔서 집에 가보니 불이 났더랍니다. 이렇게 손바닥 위의 구슬같이 다 아십니다.

그것도 모르고 미래에 5만 년 갈 대법을 짜셨겠습니까?

25일날 서울교당에 천도재가 있어서 갔더니 불쌍한 노인 한 분이 법당 기둥 앞에 힘겹게 앉아 있었습니다. 저렇게 불쌍한 할머니가 혼자서 교당에 5년이나 꼬박꼬박 다녔을까 생각하며 약력 보고를 들어보니 보스턴여고를 나온 거창한 사람이었어요. 딸이 왔는데 학교 교장이고, 다른 딸 둘은 미국에 산다고 합니다. 그래서 딸을 혼냈습니다.

"나는 너희 어머니가 아무 것도 없는 불쌍한 노인인 줄 알고 왔다." 그랬더니 딸이 울어요. 우리 어머니께서 그렇게 불쌍하게 다니신 줄 몰랐다는 것입니다.

너도 늙어보아라. 부모를 그렇게 함부로 할 수 있는가. 어머니가 일평생 원불교를 다니셨으면 한번쯤은 따라 나와봐야 할 것 아닌가. 그런데 천주교를 다닌다고 합니다. 그래서 내가 말하기를 다들 신식 물건을 좋아하는데 왜 종교는 2천 년, 3천 년 된 종교를 믿느냐고 했습니다.

충무에서는 사람이 죽으면, 거의 화장해서 바다에 띄웁니다. 불교의 영향을 받았기 때문입니다. 몸이 남아있으면 천도 받기도 힘들고 영이 무덤에 왔다 갔다 합니다. 영이 몸을 떠나지 않으면 영이 자기 몸이라고 찾아다닙니다.

어떤 사람이 전주에서 시집오기 전에 자기 시어머니가 죽어 화장해서 물에 띄웠는데 점을 치면 시어머니가 “아이고 추워라, 아이고 추워라.” 한답니다. 시어머니가 가지 않고 있으면 육신에 왔다 갔다 합니다.

그래서 대종사님께서 육신의 애착도 떼고 무덤에 대한 애착도 떼라고 하신 것입니다.

TV에서 보니, 이북에서 탈출해 온 아홉 명 중 한 여자가 거울을 보고 있었습니다. 자기 목숨이 찰나에 달려있는데 그 사이에 뭘 바르더라고요. 그것을 보고 놀랐습니다.

부처님 당시에도 매일 거울만 들여다보고 살던 여자가 죽었습니다. 그래서 나중에 해골만 남았는데 바퀴벌레 한 마리가 그 구멍으로 들어갔다 나왔다 하니 부처님께서 옆에 있는 제자에게 “저것이 무엇인지 아느냐. 저 여자의 영이다. 일평생 자기 얼굴에 애착이 붙어 죽어서까지 벌레가 되어 자기 얼굴에서 뱅뱅 돈다.”고 말씀하셨답니다.

무섭지 않아요?

과거나 현재나 미래에 그대로 있는 모습이 상주불멸(常住不滅)입니다. 영원히 없어지지 않는 것, 불생불멸(不生不滅)한 자리입니다.

그리고, 여러분들이 성주괴공의 이치를 한번 보아야 합니다. 상전이 벽해가 되고 벽해가 상전이 됩니다. 이것이 성주괴공의 이치입니다.

서울에 새로 부임해온 교무님들이 날마다 어지러워 힘들다고 하는데 그것이 서울병 이랍니다. 공기가 얼마나 나쁘면 그러겠습니까?

우주는 성주괴공으로 변화를 합니다. 사람만 생로병사가 아니라 만물은 무엇이든지 다 생로병사로 변화합니다.

사생의 심신작용을 따라

생명으로 태어나는 네 가지

사생이라는 게 있습니다. 중생은 사생입니다. 태 · 란 · 습 · 화생 즉, 태로 낳는 것, 알로 낳는 것, 습으로 낳는 것, 화로 낳는 것이 있습니다.

옛날에 이가 있었잖아요. 사람들이 이가 생기면 서로 남한테서 옮았다고 하니 이는 억울하답니다. 늙은이한테는 이가 잘 안 생긴다고 하대요. 이는 땀이 나고 또 습생으로 생겨나는 것이지 옷에서 올라오는 것은 없답니다. 옛날에는 황토방이라서 빈대 등 사생이 다 살 수 있었어요. 이렇게 태란습화 사생이 있는데 또 금강경에 보면 구류중생이라고 있어요.

부처님같이 참 자상한 분도 없습니다.

색으로 생긴 것, 색이 없이 생긴 것, 생각이 있어 생긴 것,

생각이 없이 생긴 것, 생각이 있지도 않고 없지도 않게 생긴 것, 이런 것이 다 구류중생 속에 들어가는데 그건 우리가 말할 것도 없고 오늘은 보이는 것만 합시다.

내가 요즘 생각해보니 고기 알도 생명이 있어요.

교도님, 과학자니까 한번 말해보시죠. 고기 알이 생명이 있어요?

(답) 있다고 봐야죠.

옛날에 우리 어릴 때는 계란 한 개도 제대로 못 먹었죠. 사위나 오면 계란 한 개 쪄줬죠. 또 교리 강습 난다고 강사를 모시면 그 강사님께 생계란 하나를 드렸어요. 그때는 마이크가 없어서 학교 강당이나 마당에 동네사람들 다 모아놓고 악을 쓰고 했으니 목이 잠기고 그러니까요. 나야 안 먹었지만 총부에서 선생님 모시고 오면 계란 하나씩 드렸는데 그것을 탁 깨트려서 홀짝 홀짝 마셨지요.

내가 또 공부를 해보니 생선알 그것은 생명이 없었습니다. 연어가 바다에서 올라오는데, 그것을 잡아다가 배를 자르니까 알이 많이 나와요. 거기에 또 수놈 것을 째서 섞어 가지고 배란을 시켜야 그것이 생명이 붙지, 알만 가지고는 안되더라고요.

우리 기사님이 대구탕 먹으러 가자면서 나를 서너 번 데리고 갔습니다. 그런데, 내가 고니 같은 것도 나오느냐고 물으니까 고니가 뭔지 몰라요.

"대구라는 것은 고니도 나오고 알도 나오는데 왜 이렇게 아무 것도 없소." 그러니까 누가 나를 고니집으로 데리고 갔어요.

알하고 그 고니하고 합쳐져야 생명이 붙은 것이지, 하나 가지고는 안 되더라고요. 음양이 화합을 해야 생명이 태어나지 한 개 가지고는 안 됩니다.

계란도 무정란이라는 게 있어요. 암놈만 키우는 데가 있습니다. 이놈은 하루 종일 알만 낳는데 그것은 생명이 없더라고요. 무정란이라는 게 그래요.

여기 여러분들이 3, 40명이 모여서 법회 보고 앉아 있습니다. 그러면 동업(同業)입니다. 생선이 알을 까면 수천 마리 새끼 고기가 나온 것은 동업으로 된 것입니다. 그런데 여기는 동업이 안돼요. 부부가 같이 산다고 해도 내생에 또 만날 일도 없어요. 생각이 다 같아야 같은 업이 되는데, 부인 생각 다르고 남편 생각 다르기 때문에 밥은 같이 한 솥에 먹지만 같은 업은 지을 수가 없어요.

이 세상에 생일이 두 개인 게 있어요. 그게 뭡니까? 알로 한번 태어나고 거기에서 또 새끼로 한번 태어나고. 닭뿐 아니라, 알로 태어나는 것은 다 생일이 두 개더라고요.

동물 중에서 태로 태어나는 것이 있는데, 사람도 그렇지요. 계문에 연고 없이 사육을 먹지 말라고 했지요. 사육은 터로 낳습니다. 물고기 중에서 고래도 태로 낳는답니다. 물고기도 태로 낳는 생명이 있고 알로 낳는 생명이 있고 '이' 같은 것은 습기로 생명이 태어나고(濕生) 그리고 화로 생기는 것은 뭐냐하면 알 속에서 나비가 나오지요. 그렇게 화생(化生)으로 태어나고 그래요.

장자가 꿈을 꿨는데, 꿈에서 자기가 나비밭에서 범나비가 되어서 훨훨 날아다녀요. 그렇게 '장주호접'이 잠깐 되었어요. 한국 할아버지들 흥얼거리며 부르는 노래 있잖아요. '장주호접이 잠깐 되어 꿈이 또한 생시같이.'

그렇게 나비가 되어서 날아다녔는데 나비가 꿈을 꿔서 내가 됐는가 내가 꿈을 꿔서 나비가 되었는가 그 말입니다. 여러분이 지금 꿈을 꾸면서 앉아 있는가요? 어제 나도 꿈을 꾸는데 교무 노릇을 제법 잘하더라고요.

이 세상에서 생명으로 태어나는 게 네 가지 중 제일 어려운 생명이 사람입니다.

삼난(三難)이 무엇입니까? 사람 몸 받기 어렵고, 건강한 몸 받기 어렵고, 불법 듣기 어렵다 그것이지요.

왜 불법 듣기가 어렵습니까?

다른 종교는 신을 믿기 때문에 아무 씨앗이 없어요. 아까 말처럼 무정란입니다. 그래서 싸움을 하는 것입니다. 여기(미국) 와서 보니까 더 그래요. 한국에서는 종교들끼리 싸움해서 죽는 것을 안 봤는데, 여기서는 아침마다 뉴스 들으면 30명이 죽었네, 40명이 죽었네 하고 난리입니다. 예수교는 허공에 날아다니는 것을 믿지만, 불법은 자기를 믿는 것입니다. 자기 양심을 믿고 자기 마음을 믿고 자기 성품자리를 믿는 것입니다. 그 자리가 법신불 자리입니다. 우리 성품자리가 우주자연의 본체 자리입니다.

이 세상에 불법 만나기가 어렵습니다. 그 어렵기가 맹구우목(盲龜遇木)이라 했습니다. 눈먼 거북이가 만길 바다 속에 있다가 숨을 쉬러 올라올 때, 위에 막대기가 있는지 뭐가 있는지 모르는데 어떻게 하다보니까 막대기 조각이 떠다니는 것을 잡으면 얼굴을 내밀고 숨을 쉰다는 게 그것입니다.

창해일속(滄海一粟)이라고 했습니다. 창해일속이란 태평양 바다에서 사람 몸 받기가 좁쌀 하나하고 같다는 것입니다. 사람 몸 받기가 얼마나 어려운 줄 아세요?

여름에 불나비를 한번 보세요. 가로등이 있으면, 수억 마리가 가로등에 올라붙어요. 그것만 해도 수억 마린데 지구상에 사는 사람을 다 합해봐야 60억이지요. 그 많은 류(類)에 사람 몸 받기가 얼마나 어려운데 싸움하다 죽어서야 쓰겠어요?

왜 살생을 하지 말라고 합니까. 불교에서 살생을 하지 말라고 했잖아요. 그리고 사육을 먹지 마라. 똑같이 태로 태어났기 때문에 사육을 먹지 말라고 한 것입니다.

또 대종사님은 왜 연고 없이 살생을 하지 마라고 하셨을까요.

우리가 대도정법 이라고 하는 게 그래서 대도정법입니다.

배우기를 좋아해야 합니다

대종경 인도품 55장 법문에 뭐라고 하셨습니까?

한 제자의 자식이 산에 갔다가 포수가 잘못 쏜 탄환에 크게 놀랐는데, "만약에 사고가 나서 죽기라도 했다면 어떻게 취사해야 합니까?" 하고 여쭸지요. 그래서 제자들에게 물었습니다. 그러니까 다들 "인과로 돌려야 되겠습니다." 했어요.

대종사님이 "아니다. 그것은 법에 일단은 고소를 해야된다. 아무개가 총을 쏴서 우리 아들이 죽었다는 소리는 해야 된다. 복수를 하고 안하고는 네 마음에 있지만 법에다 알려야 될 것이 아니냐."고 그러셨어요.

난리가 나서 적이 쳐들어온다고 합시다. 그럼, 내가 가만히 앉아서 당하고만 앉아 있겠어요?

그리고 아무 연고도 없이 내 재산을 누가 다 뺏어간다고 해봐요. 그것도 가만히 있을 게 아니라, 싸움을 하라는 것입니다. 그런 것은 연고 있는 쟁투입니다.

연고 없는 쟁투는 깡패들 같이 싸우는 일입니다.

계문에 연고 없이 쟁투를 하지 말라 하셨는데, 연고 없이 살생하지 말며, 연고 없이 술을 마시지 말며도 있지요? 술도 약으로 쓸 수가 있습니다.

여러분, 대종사께서 사생 중 사람이 된 이상에는 배우기를 좋아하라고 그랬죠. 사생인 태 · 란 · 습 · 화생 중에서 사람이 최고니까 사람이 되었으면 배우기를 좋아해야 한다는 말씀입니다.

산하대지를 보면, 전부 다 배울 것뿐입니다. 우주 자연 현상 모두가 우리에게 스승입니다.

'선악개오사(善惡皆吾師)' 라 안 합니까. 사람이 된 이상에 악을 봐도 배우고 선을 봐도 배워야 합니다.

사람으로 그것도 성한 몸 받은 사람이 된 이상에 또 불법을 만난 이상에 이 내 몸을 이생에 제도 못하면 어느 생을 기다려서 제도할 것입니까?

여러분들 내생에 사람될 거라고 기약해요? 또 꼭 불법을 만날 거라고는 생각도 못하지요. 기독교 집안에서 태어날지 회교 집안에서 태어날지 모르니까. 금생에 이 법 만났을 때, 내 몸을 제도하지 못하면 어느 생에 제도할 겁니까.

법회날 보면 와야 할 양반 안 왔어요. 알아보니 골프 치러 갔대요. 골프를 치러 가든지 운동을 하든지 이거 다 육신을 위해서 하는 것이지요.

하지만, 법회는 일주일에 한번 있는데 한번 빠지면 15일 동안 법문을 못 들어요.

법회에 오면 법을 듣거나 안 듣거나 그래도 좀 수양이 됩니다. 여기는 마음 세탁소예요. 옷이 더러우면 빨러가야 되는데 그것을 세탁소에 가야 빨지요.

어딘가 차 고치는 데를 가니까 '조이자 닦자 기름치자.' 그렇게 되어있대요. 여기 와서 법회를 보면 조이고 닦고 기름치는 것입니다.

자기가 잘못했다며 참회하는 수도 있고, 내 마음이 악하다가도 조금 선해야 되겠다는 생각이 들기도 하고 그러지요. 그래서 학교 하나 짓는 것 보다 교당 하나 짓는 게 복이 더 크다는 것입니다.

한번 생각해보세요. 우리가 이생에 이 법 만났을 때, 이 몸을 제도하지 못하면 어디로 갈 것인가요. 그것이 제일 걱정입니다.

여기 이 법복이 가사라는 것과 같습니다. 그런데 이 가사만 입었다고 해서 제도되는 줄 알아요? 제일 불쌍한 것이 '가사하(袈裟下)에 실인신(失人身) 시시고야(始是苦也)' 입니다.

세상 사람들이야 자기 몸이 내생에도 살지 없을지, 사람이 귀한 것인지 안 귀한 것인지 모르잖아요. 세상 모르는 아기처럼 아무 것도 몰라요. 그러니 죽어도 불쌍하지도 않고 지옥으로 가도 아무 상관없어요.

그렇지만 이 가사 입은 사람은 사람 몸 받기가 얼마나 어려운 줄도 알고 있고 불법 만나기가 얼마나 어려운 줄도 알고 있는데 이 옷을 입고도 만약에 이 몸을 내생에 잊어버린다면 다시 태어날 수가 없습니다. 그것보다 더 고통스러운 게 어디 있습니까?

그래서 가사를 입고 몸을 잊어버리는 게 제일 불쌍한 사람이고 고통스러운 일입니다. 그리고 이 가사를 입고 제가 여기 와서 살아보니까 늘 과일 사다 주는 분, 늘 빵 사다 주는 분이 있어요. 그런 것 얻어먹고 사는 것입니다. 저도 처음에는 빚 될까 봐서 내복 하나도 못 얻어 입고 벌벌 떨었는데 이제는 평생 얻어 입고 얻어먹으니까 양심이 발바닥이 되어 가지고 겁도 하나 안 납니다.

가사를 입고 마음 잘 닦아야 자신을 금생에 제도합니다. 내생 일을 기약 못한다면 어떻게 합니까.

그런데, 내게 주면서 나한테 복 받으려고 생각하지 마세요. 내가 책임지고 복을 줄 능력 없어요. 그러니 인정으로 주면 내가 얻어먹을게요. 교당에 뭐 갖다주면서 복 받는다는 생각 가지고 오면 나는 안 받으렵니다. 얼마나 무섭겠어요. 생각해보세요.

서산대사가 쓰신 선가귀감(禪家龜鑑)에 그랬습니다.

'용광로 물을 마실지언정 신심 있는 사람이 갖다 주는 것은 먹지 마라. 불이 벌건 철사모에 네가 누웠을지언정 신심 있는 사람 집에서는 자지 마라.'

교당도 신심 있는 교도들이 지어준 것이지요.

왜 신심 있는 사람 옷을 입지도 말고 먹지도 말고 그 집에서 자지도 말라고 그랬을까요. 그것은 스님들, 출가자들에게 한 소리예요. 교도들한테는 해당이 안 되는 소리입니다. 왜 그랬을까. 신심이 있는 교도는 내세에 툭 솟아버려요.

우리 회장님은 교당에 온다고 하면 즐겁답니다. 회장님이 내생에 어디로 가겠어요. 생각해보세요. 내생에 큰 법사가 되실 겁니다. 반면에 교당에 사는 교무가 혹 잘해 놓고 사는 교도집이 좋아 보이면 내세에 어디로 가겠어요? 그렇게 해서 거꾸로 되는 것입니다. 그래서 그건 하지 마라는 것입니다.

이생에 수도하는 인연으로서 부부가 되어 사는 사람의 인연은 이렇답니다.

어떻게 부부가 됐냐 하면, 이쪽 암자에는 여성이 살고 저쪽에서는 또 남자 스님이 살았는데 늘 이쪽 여성이 저쪽 스님을 쳐다보고 살았답니다. 내생에 내가 남자가 되어서 스님으로 살아야지. 그런데 그게 금생에 부부가 되었대요.

또 이쪽에는 술집이 있고 이쪽에는 암자가 있는데 술집 여자들이 늘 남자들한테 술시중 들 일을 생각해보니까 안 되겠거든. 그래서 내가 내생에는 스님이 되어야지 하고 굳게 원을 세워요. 그럼, 그 사람이 죽어서 스님이 되어요.

그런데, 스님들이라고 앉아서 중노릇하는 사람이 술집에서 딩동딩동 하니까 저것도 괜찮겠다. 내생에 바꿔야 되겠다. 스님들은 매인 데가 없잖아요. 저희들은 매인 데가 없습니다. 애착 탐착이 하나도 없어요. 제가 갖고 싶은 것도 없고 먹고 싶은 것 하나도 없고. 그러니 내가 내생에 뜻을 세운 대로 되어버립니다.

스님들은 고무풍선 같아서 매인 데가 없기 때문에, 마음먹은 대로 되어버린답니다. 그래서 옛날 원님들이 이 절 저 절 순방을 해보고 좌선하는 스님 많이 있으면 앞으로 우리 나라에 인재가 많이 나겠다 생각하고, 공부하는 사람이 없으면 큰일났다, 우리나라에 인재가 안 나겠다고 했답니다.

어찌 다행 이 법을 만났는가

여러분, 내가 완벽하다는 생각을 놓아 버려야 됩니다. 중생도 천층만층인데 무엇이 완벽해서 우리가 당장 대종사님 같이 될 수는 없잖아요.

중생이기 때문에 이런 욕심도 나고 저런 욕심도 나고 그런 것이죠. 그러니 내가 어떻게 완벽할 수가 있습니까?

TV를 보는데, 스위스에서 온 수녀가 암에 걸려 다 썩어 가는 남자한테 가서 희생봉사를 하더라고요. 그런 환자만 보러 다니는데, 25명 정도 돼요. 제가 부교무한테 말하기를 "나는 그것 못하겠다."고 그랬어요. 젊은 때는 그런 용기가 있었지만 늙으니까 아무런 힘이 없어요. 그러니 내가 어떻게 저런 봉사를 하나. 어떻게 완벽하게 원만구족하고 지공무사할 수가 있어요?

여러분, 원불교에는 거울이 있어요. 이 교전이 거울입니다. 양심의 거울이요.

저번에도 이야기를 했는데 원불교 교도가 불어나지 않는다고 걱정할 필요 없어요.

대산 종사님께서 원불교 교도 한 명을 기독교인 백 명과 안 바꾼다고 했습니다. 그렇게 원불교가 좋기는 한데 교도들이 말을 잘 못해요. 물론, 여기가 말 연습하는 데는 아니지만, 신언서판(身言書判)이라고 하잖아요, 처음에 외모가 잘 생겨야 되고 두번째는 말을 조리 있게 해야 되고, 세번째는 공부를 잘 해야 하고, 네번째가 판단력으로 인격평가를 한답니다.

저처럼 얼굴 못난 것은 어떻게 하겠어요. 제가 어디 가서 2년 정도 살고 나면 교도들이 "선생님, 우리 집에 와서 예뻐졌어요." 그럽니다. 그렇게 맨날 예뻐졌으면 미인이 됐을 텐데 지금도 이 모양입니다. 그래도 한 2년 보고 나면 볼만 한 모양이죠.

사람들이 말하기를 가난 중에서 얼굴 가난이 최고 가난이랍니다. 아무 것도 모르는 그 사람들이 무스탕을 입고 다니면 그 사람 사는 형편이 괜찮은가 보다 하지, 그 집이 어쩐지 알겠어요?

제가 잘 생긴 여자 간사를 한 명 데리고 살았어요. 그 사람 머리도 올리고 검은 치마저고리를 입혀서 제삿집 가서 독경을 같이 하자고 데리고 갔어요. 그런데, 사람들이 나를 옆에 앉혀 놓고 전부 그 사람한테 큰절을 하는 거 있지요.

처녀를 보나 남자를 보나 선 볼 때는 얼굴 보고 하잖아요. 안에 무엇이 들었는지도 모르고.

어떤 가수를 보고 어떤 여자를 선택하느냐고 물으니 젊었을 적에는 얼굴만 보고 선택했는데 이제는 마음을 생각하고 있답니다. 그 사람 철이 났어요. 하지만, 처음 볼 때는 얼굴이 최초입니다.

원불교 정기훈련 11과목을 보면, 회화와 강연이 나옵니다.

회화라는 것은 단회를 할 때에 자기 수행담을 내놓는 것입니다. 그런데 우리 선생님들 중에서도 회화는 박사인데 강연은 못하는 분이 있고, 강연은 잘하는데 회화를 못하는 분이 있어요. 이런 장·단점이 다 있으니까 자기가 회화를 못하는 사람은 늘 앉아서 자기가 얘기하는 방법을 연구를 해야 되고, 또 서서는 떨려서 말을 못하는 사람은 그에 맞게 연습을 해야 합니다.

우리 법회에 참석한 교도 중에 마산에 살던 교도가 한 분 왔는데, 교도들이 일원상 진리, 공원정(空圓正)을 가지고 일년 내내 나와서 강연하는 것을 보니까 대단해 보이거든요. 그러니까, 마산에 가서 자랑을 했나 봅니다. 그 사람은 강연만 하면 다 공부 잘하는 줄 아는 거예요. 그 교구장님이 말씀하시기를 마산 사람들은 그것 시키면 교당에 한 명도 안 올 것이라고 그랬답니다. 여기도 억지로 시키면 안 온다는 여자들이 많아요.

대종사님께서는 그런 것을 타파하기 위해서 회화와 강연을 함께 시켰어요. 그래서 대종사님 당시에 서서 강연을 하라니까 그만 문을 팍 차고 나가서 지금까지 안 온 사람도 있어요. 여기 서서 못하고 치마를 다 끄집어 올려서 물어뜯는 사람도 있고요. 저도 처음에는 여기(연상 안에) 들어가서 울고 그랬습니다. 하지만, 지금은 잘 하잖아요. 이것이 훈련하고 연습한 결과입니다.

여러분들께서 원불교 다니는 것에 대해서 어떤 생각을 가지고 있는지 모르겠지만 저는 항상 기쁨에 넘쳐요. 여러분들이 다른 종교를 믿었다면 어떻게 되었을까요? '어떻게 하다가 내가 이 정법을 만났나.' 그런 생각 안 들어요?

종교를 만나도 옳은 길로 가는 정법을 만나야지, 그른 길로 가는 것을 만나면 어떻게 되겠습니까.

기독교에서 보면 예수님이 만져주니까 문둥병이 나았다고 하는데 다 줄 그어 놓았다고 안 해요? 이 안에 들어오면 천당 가고, 안 오면 지옥 가고. 그 사람들은 그게 신앙입니다.

대종사님도 그런 때가 있었습니다. 길룡리에 있을 때 아프면 호박잎을 삶아 먹으라고 했답니다. 그런데, 총부에 와서 아들 광령이가 많이 죽게 생겨서 혈연들이 대종사님한테 찾아오니까 대종사님께서 거기에 맞는 전문병원에 가라고 하셨습니다.

내가 만약 병을 낫게 해서 환자들이 나한테 다 오면 내가 어떻게 하겠느냐. 나는 만 중생들에게 마음공부를 시켜서 세상을 지상낙원으로 만들려고 하는데 환자들만 고치다가 끝나겠다. 내가 이 앞에 배산도 한 자를 높일 수 있지만 안 한다고 하셨답니다.

대종사님께서 열반을 앞두고 초량교당에 가셨는데, 미리 소식을 안 해놓고 밤에 가셨어요. 문을 열면 시자가 먼저 들어오고 대종사님께서 뒤에 따라 들어오셨답니다.

"대종사님, 왜 기별도 안하고 오셨습니까?"

"내가 멀리 여행을 가려고 한다. 그러니 너희들이 내가 없어도 정리정돈을 하고 사는가. 내가 없어도 이 교당을 제대로 움직이고 살 것인가. 그리고 내가 먼데로 가도 내가 안 보고 싶을 것인가 보러 왔다."고 하셨습니다.

열반을 앞두시고 그렇게 순방하시면서 그것까지 다 강구하셨어요.

여러분, 이 법이 보통 법이 아닙니다.

가족이 다 남편을 해바라기처럼 바라보고 사는 두 가정을 보았어요.

최아무개 박사 부인이 처음에는 자기 뜻대로 하는 사람인데, 요새는 완전히 남편이 하자는 대로 한답니다. 세상에서 남편이 최고라는 것을 알고는 입만 열면 남편 자랑이래요. 십 몇 년간을 훈련시켜 놓으니까 그렇게 되었답니다.

또 정아무개 씨라고 있는데, 이번에 이사관이 돼서 광주로 갔는데, 공무원으로서는 더 이상 올라갈 계단이 없답니다. 그 사람 부인도 정년 퇴직까지 남편이 입만 움직이면 따라 다닙니다. 자녀가 다 전무출신입니다.

내가 그 집 아이들을 총부로 보내면서 "너희 아버지 같은 사람 없으니까 옆에 쳐다보지도 말고 너희 아버지 시키는 대로만 하라."고 해서 보냈습니다.

자기 아버지가 얼마나 공부를 잘 했으면 그런 소리를 했겠어요. 그 분은 집에서 법회를 보고 있어요. 원불교 법 아닌 일은 한 가지도 안 해요. 여러분들 담배 피우고 술 못 마시면 출세 못한다고 하는데, 이 사람은 그런 것 안 해도 제 1국장을 해서 대통령한테 청백리상까지 타고 그런 사람입니다. 젊을 때는 집이 없어서 열한 군데를 이사 다녔어요.

서울교당 회장님도 보따리가 커요. 그 회장이 물론 내가 나이는 훨씬 많지만 "아이고 선생님, 어서 오세요." 하면서 날 끌어안고 반가워합니다. 그런 면이 있더라고요.

그렇게 모든 사람을 다 싸안아요. 그래서 싸안아야 할 것은 회장님한테 다 말하고, 용권 씨는 가만히 앉아서 입만 달싹해도 그것이 법이 되어서 교도들한테 미치는 영향이 컸습니다.

원불교에 들어오면 사람들이 180도로 달라집니다.

충무에 중선 씨라는 교도가 있었는데, 충무에 널리 알려진 교도예요. 이 분이 전에는 도도하고 그랬다는데, 원불교에 다니면서 시장에 가면 절을 꼬박 꼬박 하면서 장을 봐요.

제가 부임해서 보니 장독간에 된장, 간장이 잘 정돈되어 있기에 참 잘했다고 했는데 알고 보니 그것을 중선 씨가 해놓았더라고요. 새벽에 좌선을 하면 할머니가 와서 장독간 손보는 소리가 나요. 젊은 교도들만 보면 "아이고 고맙다. 어떻게 네가 다 교당에 나오느냐." 해요. 이렇게 확 달라져야 합니다.

또 다른 교도 하나는 자기 아들이 서울에서 대학 교수를 하는데, 이 할머니가 얼마나 아끼는지 불이 하나 뿐이에요. 부엌에 가면 부엌으로 가져가고 방으로 오면 방으로 가져오고. 다 탄 연탄을 뒤집어엎어서까지 때니까 연탄이 다 깨지는 거예요. 또 먹는 거는 식당에 가서 미나리, 무잎, 배춧잎을 다 가져 와요.

그렇게 모아서 뭘 하느냐 하면 중국에다 교당 하라고 2천만 원을 냈습니다. 또 통영교당에 유치원 세우라고 2천만 원을 냈습니다. 그런데, 너무 아끼니까 서울에서 대학 교수를 하는 아들이 체면이 안서는 거예요. 방도 남 다 주고 작은 방 하나 얻어서 사니 "어머니, 제가 설에 남부끄러워서 못 갑니다." 그랬답니다.

공중사업 한다고 그렇게까지 아낄 것은 없죠. 그렇지만, 원불교 다니면서 중도를 잡아 가지고 내가 이 정도 살면 진리에 빚은 안 지겠다 할 정도로 살아야 한다 이겁니다.

바둑 둘 때와 좌선할 때의 일심

내가 숙제를 냈지요. 이창호같이 온 정신이 바둑 두는데 빠져서 바둑을 두는 것과 좌선할 때 일심이 되는 것의 차이를 말하라고 했는데 숙제했어요?

(교도의 답) 그 일 그 일에 정성을 들여서 하는 것으로 그 일에 일인자는 될 수 있어도 도통과 통달은 할 수 없습니다. 왜냐하면, 도통이나 통달을 하려면 사심 잡념을 버리고 자성 청정심이랄지 평상심 자리, 자연의 이치까지 통달해야 하는데 그러자면 수도까지 겸해서 해야만 되는데, 바둑이나 이런 것은 그일 한가지에만 열중하기 때문에 그 분야의 일인자는 되더라도 도통이나 통달은 될 수 없다고 생각해봤습니다.

강이 오염되어서 썩었답니다. 시화호도 썩었답니다. 그런데, 태평양은 안 썩어요. 거기에 그 많은 썩은 물이 들어가지만 육지 근방에는 썩어도 안으로 들어가면 안 썩어요. 그래서 바다라고 합니다. 모든 지천을 받아들이고 모든 생활폐수를 받아들여도 그 속에 들어가면 정화가 됩니다.

우리 본성도 마찬가지예요. 그 자리에는 나쁘고 좋고 그르고 그런 것이 없습니다. 그 자리를 찾아서 지켜야 합니다. 주인은 그 자리를 지키고 객이 바둑을 둬야 하는데 분별심에 주인의 정신을 온통 뺏기는 것이 바둑 같은 겁니다. 하나도 남김없이 마음이 다 빠져요. 흔히 여자한테 빠졌다, 놀음에 빠졌다고 하잖아요. 이것은 절대로 안 됩니다. 그 일은 능할지도 모르지만 도통을 하고, 심성을 단련하는 데는 아무 소용이 없습니다.

넷, 아홉 그리고 일곱

사생의 심신작용을 말하는데, 사생만 심신작용을 하는 게 아닙니다. 금강경 3절에 '구류중생'이라는 것이 있죠? 부처님은 구류중생까지 보았습니다.

3절에 '부차수보리 하사대 제보살 마하살이 응여시 항복기심이나이까.' 하는 말씀이 있습니다.

그 다음에 '소유 일체중생지류에' 그랬는데 이것은 일체중생의 유중(類中)에서 '태생 난생 습생 화생' 사생에다 유색, 무색, 유상, 무상, 비유상비무상 이것을 합쳐서 구류중생입니다.

그런데, 유색 무색 유상 무상 비유상비무상, 생각이 있기도 하고 없기도 한 것인데, 현미경으로 볼 수 있는 상태인가, 이것은 전부 영세계라 잘 모르겠어요.

불교에 아홉 구자가 많이 있습니다. 이를테면, 구천이 있지요. 영이 떠돌아다니는데 구천을 맴돌아요. 그것은 우리 몸에 있는 아홉개 구멍을 말합니다. 그래서 탑을 쌓아도 구층탑, 구공 그렇습니다.

칠보탑도 이목구비를 보고 칠보탑이라고 합니다.

연화대도 삼층탑, 즉 상층이 있고 중층 있고 하층이 있는데 우리 구멍 중에도 하층이 있어요. 쓰레기만 나가는 하층을 말입니다. 그래서 불교에서 전부 말하는 것이 육신을 떠나서는 한마디도 없습니다. 죽은 귀신이 구천을 맴돈다는 것도 내내 자기 몸을 맴돈다는 말입니다. 새 몸 받으러 가지도 못하고 산소로 왔다갔다한다 그 말입니다.

보따리를 챙겨야 할 때

대종사님께서 나이 사십이 되면 보따리를 챙기라고 했다니까 우리 회장님이 요새는 수명도 길어졌는데, 그것은 너무 일찍이랍니다. 보따리 싸라고 하면 생활도 하지 말고 들어와서 눈 감고 앉아 있으라는 말씀이 아닙니다.

대종사님은 53세에 보따리를 싸셨습니다.

자기가 일을 하면서도 오늘 갈지 내일 갈지 모르니까 모든 생활도 자기가 하는 것을 야무지게 하고 그것을 식구들한테 가르쳐 놓아야 합니다.

최희공 박사 할아버지가 뽕나무 재배를 해서 군에다 납품하는 일을 했습니다. 그리고 명주 공장을 운영했어요. 제가 젊었을 때 보니까 교도들이 다 실 빼러 공장으로 간다고 할 정도였습니다. 그런데, 그 할아버지가 돌아가시자, 희공 박사 아버지가 이어받아서 1년 정도 하다가 간암으로 돌아가셨습니다. 신도안에서 제일 잘 살았지요.

그런데, 희공 박사 어머니가 너무 운영을 잘 하는 거예요. 그래서 부자가 되었어요. "어떻게 이렇게 부자가 되었소." 물으니까 자기 신랑이 죽기 전에 다 가르쳐 주었답니다.

남자들은 돈 벌어봤자 다 씁니다. '여자가 혼자 살면 금이 서 말' 이라는 말도 있지 않습니까? 돈은 남자가 다 씁니다. 희공 박사 아버지는 모르지만 할아버지는 늘 군청사람들 데려다가 술대접했어요. 논산 두마면 사람들이 매일 그 집에서 술 먹고 밥 먹고 그러더라고요. 벌어서 다 쓴 거예요. 그런데, 여자가 하니까 누구하고 술을 먹나? 돈을 꼬박꼬박 모아서 큰아들도 집 사주고 둘째도 집 사주고 자기 집도 신식으로 다 고쳐서 잘 살더라고요.

여러분, 그렇게 하나요? 보따리 싸라는 것은 그런 것입니다. 내가 없어져도 이 생활을 유지 발전시킬 수 있는 가족을 만들어 놓으라는 것입니다. 그리고 자기는 마음공부 하라는 것입니다. 마음 잘 챙겨서 죽어서도 구천을 떠돌지 않게 말입니다.

자기의 몸은 받아서 가야 할 것 아닙니까.

여러분, 나라에 큰 인물이 된 사람은 다 전생에 수도한 스님이었습니다.

대종사님도 김성수 씨를 보고 우리나라에 다시한번 태어나서 대통령이 될 것이라고 그러셨답니다.

대통령이 된 사람은 그냥 된 것이 아닙니다. 본인도 애를 쓰지만 전 국민이 인정을 해줘야 돼요. 앞으로 세상은 인정받지 않으면 안 되는 세상입니다.

뱀도 인포를 만나야 용이 된다고 했습니다.

몇 년 된 커다란 뱀이 길에 와서 떠억 누워 있는데, 지나가는 사람이 '구렁이 나왔다.' 그러면 용이 못된답니다. '야, 용 나왔다.' 해야 용이 된다고 합니다. 이것이 인포입니다.

사람이 인정을 해줘야 돼요.

옛날에는 그것을 신이 해줬습니다. 그래서 산에 가서 산신령에게 가서 기도를 드린다든지 했지요. 이성계처럼 그렇게 하면 산신령이 인정을 해줬는데 앞으로 돌아오는 세상은 사람이 인정을 안 해주면 동장 하나도 못합니다.

오늘 단장 중앙 훈련한답니다. 단장 중앙이 그대로 되는 줄 알았어요? 단장도 열 사람에게 인정을 받아야 됩니다.

그래서 대종사님께서 말씀하시기를 "앞으로는 사람한테 인정을 받아야 한다."고 하셨습니다.

그리고 일원상을 신앙의 대상으로 모신 것도 그렇습니다.

옛날에는 스님들이 가서 몇 마디 주고받고 나서 "너, 도통했구나. 너, 견성했다. 내 법을 너한테 전한다." 하고 1대 1로 그렇죠?

스님들은 그런데 이제는 아닙니다.

여기 일원상을 가운데다 모셔 놓았으니까 전부 다 봐라. 전부 다 보고 유는 무로 무는 유로 되는 이치를 다 알면 도인이다 그 말입니다.

육도로 변화를 시켜

죽도록 해도 다 실천하지 못합니다

우주 전체를 보면, 변하는 것도 있고 변치 않는 것이 있는데 문 하나를 예를 들어도 그렇습니다.

문에 보면 돌저뀌가 있습니다. 돌저뀌가 안 움직이고 있기 때문에 문이 저렇게 자유자재로 사용할 수 있지요. 만약 그게 움직이면 문이 떨어져 달아나서 쓸 수가 없습니다.

이처럼 이 우주의 진리도 변하는 진리가 있고 변치 않는 진리가 있는데 변하지 않는 진리 때문에 이 우주가 다 변하고 세대가 변해도 항상 여여자연 하니 그대로 있어요.

일원상, 이것을 보면 한글로 되어 있고, 정전도 90페이지 밖에 안되니 쉬워 보이지요? 어떤 사람이 교전을 쭉 읽고는 와서 이것뿐이냐고 책을 하나 더 달라고 그래요. 그래서 내가 그 자리에 앉혀놓고 무엇을 하나 물어보니 꼼짝 못했습니다.

법당에 들어와서 일원상을 쳐다보면 동그라미 하나가 있지요. 그렇지만 지금이 원기 87년인데, 저 일원상 진리 하나를 가지고 지금까지 배워도 죽도록 까지 실천하지 못하고 그 고생인 것입니다. 일원상 진리 그냥 보면 이렇게 간단한 게 어디 있어요.

그런데, 일원상 진리를 어떻게 표현할 것인가요?

'일원은 언어도단의 입정처이요'로 시작해서 '제불조사 범부 중생의 성품' 자리까지 한데로 묶어 놓았잖아요. 그리고. 하나인 그 자리에서 변치 않는 능이성 유상으로 보면 상주불멸로 여여자연하고 변하는 이치로 보면 우주는 성주괴공으로 만물은 생로병사로 사생의 심신작용을 따라 육도로 변하는 것입니다.

저야 극락생활 하죠

어느 스님이 동네에 초상이 나면 사미승에게 "너 그 사람 지옥 갔나 극락 갔나 내려가 보고 오라."고 그랬답니다. 그러면 사미승이 한달음에 내려갔다 와서 '네, 극락 갔습니다.' '그 사람 지옥 갔습니다.' 하고 보고하거든요.

하루는 신도가 스님에게 "저 애가 어떻게 극락 가고 지옥 간 걸 압니까?" 하고 물었어요.

온 동네사람들이 혀를 차고 '아이고, 아까운 사람 죽었다.' 하면 극락 간 사람이고, '아이고, 잘 죽었다.' 하면 그 사람은 지옥 간 사람이다 그랬습니다.

여러분들에게 자녀들 입교시켜서 공부시키라고 한 것도 다 이것하고 관련이 있습니다.

지난 설에 공항교당에 다니는 머리가 하얀 할머니 교도가 아들 며느리 손자 다 데리고 왔어요.

"요새 어떠세요?" 하고 물으니까 "저야 극락생활 하죠." 그래요. 큰아들 내외는 서이리교당에서 없으면 안될 교도 노릇을 하고 있죠. 둘째는 전무출신 하고 있죠. 셋째는 공항교당에서 어머니를 모시고 있어요. 그 자녀들이 다 신심이 장하기 때문에 며느리들이 시집오면 다 따라오게 돼있어요. 그 며느리도 어머니가 교당에서 주무하다가 손을 놓고 나니까 자기가 이어서 주무 노릇을 해요. 그런 사람이 불효하겠습니까?

여러분도 장래를 생각해서 자녀들 다 입교시켜서 원불교에서 책임질 수 있도록 지도해보세요.

심신작용을 따라 육도로 변화를 시킨다고 했습니다.

옛날은 음 시대, 밤 시대입니다.

밤에는 저 사람이 빨간 옷을 입었는지 검은 옷을 입었는지, 저 사람 얼굴이 어떻게 생겼는지 아무 것도 몰라요. 그래서 아무 보람없는 일을 할 때, 비단옷 입고 밤길 걷는다고 안 해요?

음 시대에는 죄를 누가 지었는지도 모르고, 이웃집에서 무엇을 했는지도 모르고, 누가 도둑놈인지 아무 것도 안보여요.

우리 어릴 때, 쑥 캔다고 몸을 숙이고 캐는데 보리가 이만큼

커서 사람이 드러누우면 안보여요. 그래서 엄마들이 "야, 계집애들이 들판에 다니면 어디서 문둥이가 와서 간을 다 빼 먹고 보리밭에다 엎어놓는단다."고 했어요. 그러니 무서워서 들판에 못나갔어요. 그게 무슨 소리인지는 철이 나서야 알았어요. 생각해보세요. 자녀들을 어디로 보내야 하는지.

우리 청년들이 용인으로 훈련을 갔는데, 내일은 또 학생회장들이 총부로 간답니다. 그런 데로 좀 보내라는 말입니다. 다른 데 가면 돈 많이 들고 나쁜 짓 하는데 돌아다니고 그러지요. 교당에 신심 있게 다니는 사람은 안전합니다.

서울교당 교도회장은 중학교 때부터 교당에 다녔습니다. 얼마나 얌전한지 역대 교무님들이 법선 씨 얘기를 해요. 쪼그만 애가 어디서 얻어 입은 옷인지 큰 옷을 입고 다녔대요. 그때는 1학년 때 옷을 맞춰 입으면 3년까지 입어야 되니까요. 그랬는데, 주전자로 약수를 떠오는데 한 개만 가져오면 될 것을 두 개를 가져온답니다. 왜 그러냐고 물었더니 하나는 부교무님 주고, 하나는 자기 큰 선생님 주려고 두개를 떠왔다는 것입니다.

정아무개 씨 어머니가 94,5세 되는데, 분당으로 이사 갔는데, 전화를 할 때마다 "아이고, 선생님과 살 때가 제일 좋았는데." 그래요.

"왜 좋았어요. 나 고함지르는 사람으로 소문 났는데." 그랬더니 "선생님, 정이 많고 즐겁고, 우리들 한복 입고 다니라고 하고." 그래요. 노인들이 머리 물도 안들이고 하얀 머리에 한복을 잘 입고 오면 얼마나 예쁘냐고요.

그래서 내가 정이 많다는 말을 들었어요. 과일 같은 거 들어오면 제가 다 두었다가 할머니들 오면 대접을 하죠. 이게 받아들이는 사람 수준이 있더라고요.

제가 통영에 있을 때 어느 할머니 법사님에게 '아이고, 내가 고함을 질러서 할머니들 성가시죠.' 했더니, "아니요. 선생님 그 말 속에 덕이 주렁주렁 달려있어요." 그래요. 그렇게 받아들이는 사람도 있더라고요.

그래서 자녀들이 원불교를 다 나와서 신심이 나야 됩니다. 자기 시어머니 무서워서 마지못해 따라 나오다가 시어머니 돌아가시면 안 나오는 사람도 있어요. 그래 가지고 어떻게 하겠어요. 진심으로 당신 노후에 고생을 안 하려면 자녀들이 신심이 나야 돼요. 신심이 나야 먼데 사는 딸이라도 자기 어머니 49재 지내 줄 생각을 해요. 아들이 안 해주면 신심 있는 딸이라도 합니다.

지난번에 화정교당에 재가 있어서 밤에 갔는데, 그 재가 어떤 재이냐면 총각이 병이 들어 장가도 못 가고 죽었어요. 형제간들이 다 싫어하고 엄마만 가슴에 한이 맺혀 있어요. 다들 돌아도 안보고 있는데 누가 재를 지내주는 줄 아세요? 여동생이 화정교당 교도입니다. 형수는 절에 다니는데, 재를 지내려고 물어보니 500만원 내라고 하더랍니다. 그래서 아무도 안하고 말아버린 거예요. 그러니 여동생이 하루에 만원씩 밥값 하면서 남편 몰래 저축을 해 가지고 그 재를 지내더라고요.

그러니까 원불교 믿는 사람은 어떻게 해서든지 남에게 유익 주고, 형제간 유익 주고, 좋게 하려고 하는 생각뿐이에요. 어떤 사람이 자기 친정 동생 데려다가 남편도 반대하는 제사 지내겠냐고요. 그래도 그 사람이 원불교 다니기 때문에 친정동생 데려다 49재를 지내지요. 공양도 참 알뜰하게 다 장만해 왔어요.

낮 세상과 밤 세상

지금은 낮 시대이기 때문에 보입니다. 낮 세상은 남을 볼 줄 아는 세상입니다.

해방되고 기차를 타고 가는데, 유리창이 다 깨졌어요. 석탄으로 불을 때는데 연기가 날아 와서 얼굴이 새까매요. 그런데, 사람들이 자기는 괜찮고 저 사람만 그러는 줄 알고 웃었어요.

낮 세상은 그렇게 생긴 거예요. 남을 다 볼 줄 아는 세상이요. 그런데 원불교는 남 쳐다보지 말고 나 쳐다보는 공부를 하자는 것입니다. 남의 얼굴에서 연탄이 묻었거나 석탄이 묻었거나 그거 보지 말고 날 쳐다보라는 말입니다.

대종사님께서 30계문을 내놓으셨지요. 그 다음엔 솔성요론 16조가 있습니다.

왜 계문을 내놓고 솔성요론을 내 놓으셨을까? 계문은 하지 말자는 것입니다. 그건 지옥 가는 길이니까 하면 안 됩니다. 성가 가사에 '임 주신 삼십 계문 고해를 막아주고 십육조 솔성요론 낙원 길 열어주네.' 하는 대목이 있습니다. 솔성요론을 지키면 낙원길이 열려지는 거예요.

솔성요론에 그랬죠.

'무슨 일이든지 잘못된 일이 있고 보면 남을 원망하지 말고 자기를 살필 것이요.'

'다른 사람의 그릇된 일을 견문하여 자기 그름을 깨칠지언정 그 그름을 드러내지 말 것이요.'

어떤 교도가 대산 종사님이 법설을 하시면 자기 양심에 찔려 가지고 "누가 내 일을 다 고해바쳤구나." 했답니다.

법사님께서는 누가 남의 그름을 입만 뻥긋해도 못하게 해요. 우리 교도 신심 있고 우리 교도 잘하고 우리 교당 발전되고 이런 것만 들으려고 하셨습니다.

저도 경험을 했어요. 남중교당 있을 때, 어떤 교도가 시집와서 지금까지 살던 얘기를 하는데 전부 다 당한 얘기만 하는 겁니다. 내가 그 이야기를 한 2~3시간 듣고는 1주일을 아파 버렸어요.

그래서 우리 스스로도 기분 나쁜 거 생각하지 말고 여러분들 잊어버리세요.

대종사님께서 남의 마음을 자기 맘 쓰듯 하는 것 같이 어리석은 사람이 없다고 하셨어요. 자기 맘도 자기 맘대로 못쓰면서 남을 어떻게 자기 맘대로 쓰려고 하나요. 못합니다.

앞으로 돌아오는 세상은 세상 사람이 다 판단하고 역사가 다 그 사람을 기록합니다. 그러기 때문에 내가 그 사람에 대해서 벌 주고 형무소에 가두고 사형시키고 하는 일 등은 과거일 입니다. 미래는 그런 거 아닙니다. 자기 일 자기가 알아서 해야 할 것 아닙니까?

마음을 항상 화평하게 가지고, 남을 미워하지 말고, 시기하지 말고, 선지식을 보면 인연을 걸어야 돼요. 선지식이 누군지 아세요? 착한 일 하는 사람이에요. 그런 사람을 가까이 해라 그 말입니다.

사십이장경에 보면 이런 말이 나옵니다.

거지같이 나쁜 사람 천만 명을 공양하는 것보다 착한 일 하는 사람 하나 공양하는 것이 낫고, 또 착한 일 하나 하는 천만 명을 공양하는 것보다 10계문을 지키는 사람 하나 공양하는 것이 낫고, 10계문 30계문 지키는 천만 명을 공양하는 것보다 부처님 하나 공양하는 것이 낫고, 부처님 천만 명을 공양하는 것보다 자성불을 깨치는 것이 낫다고 되어 있습니다.

대종사님 당시에 사족이 멀쩡한 사람은 절대로 동냥 주지 말라고 했어요. 병신은 안주면 죽으니까 줘야 되지요.

총부에 거지가 들어와서 '복 지으시오.' 하면 우리 선진님이 나가서 '네가 복 줄 능력이 있냐' 고 따졌죠. 자기가 복 줄 능력도 없으면서 복을 지으라고 했으니 그게 말이 돼요?

그러니까 여러분들이 항상 좋은 인연이나, 선지식을 찾아야 합니다.

중생이 윤회하는 육도

여러분들 육도는 알고 있죠?

천상세계는 우주에 건립이 되어 있습니다. 천상세계에는 수도를 많이 한 영이 있습니다.

가령, 교도님 한 분이 지금 돌아가셨다고 합시다. 내가 누구한테 태어나려는데 형편이 안돼요. 이를테면 아파트에 들어가서 살려고 청약을 해놓았는데 아파트가 덜 지어졌다든지 돈이 마련 안 되었다든지 그런 형편이 있어요. 그러나, 내가 아파트 들어갈 능력은 다 갖추고 있잖아요. 그럴 때, 그 영이 임시로 머무르는 데가 천상이에요. 그래서 이 천상계도 너무 오래있으면 인연이 다 떨어져 버린답니다. 내가 아는 사람은 인연된 사람이 아무도 없는데요. 그런 사람이 혹시 귀신들린 사람에게 들릴 수도 있어요. 그런 사람은 백발백중 맞추고 옳은 말만 하고 선도적으로 점을 친다고요. 수양을 많이 한 영이 오면 말입니다.

여러분들 기독교에서 천당이라 하는 것이 이 윤회 속에 들었습니다. 육도로 윤회를 한다 이 말이에요. 천당은 옳은 일이 아니에요. 천상세계도 복진타락(福盡墮落)입니다. 복이 끝나면 지옥으로 바로 떨어질 수가 있어요. 천당 좋아할 거 아니에요. 우리는 극락으로 가야 돼요. 극락은 천당을 벗어나는 게 극락이에요. 일원은 육도를 벗어난 자리입니다. 언어도단의 입정처이요, 이 자리는 육도를 벗어난 자리입니다. 천상에 있어서 2천 년이나 3천 년이나 영 세계에만 있으면 인연이 다 끊어져서 태어날 수도 없어요.

옛날에 큰자식을 얻는다고 산에 가서 불공드리고 큰 나무에 불공드리고 이런 거 있잖아요. 그러면, 큰 바위나 폭포수 그 좋은 데 영이 가만히 머물러 있는 게 천상이에요. 어디 가서 뭉쳐있는 게 아니에요. 가만히 머물러 있다가 내가 태어나려 해도 인연이 없어요. 그럴 때, 우리 집으로 오라고 빌면 거기로 가는 거예요. 그렇게 거기 머물러 있으니 그런 나무를 누가 베도 큰 벌을 받습니다. 그게 천상세계입니다. 이것이 현실적으로 얘기하는 것입니다.

그 다음이 인간이죠. 천상계에 있다가 인간계로 태어나지요. 인간은 고도 반, 낙도 반입니다. 고만 받는다는 것도 있지만 고락상반입니다.

그 다음이 수라잖아요. 수라는 영이 있는 사람이 다 죽어서 임시로 이리 갈까 저리 갈까 재판을 받기 이전입니다. 천당 길로 갈지 인간 길로 갈지 재판이 받아진 게 아니고, 임시로 미결수로 있는데 우리가 천도 독경을 했겠지요. 다행히 식구들이 돈을 놓고 좋은 길로 가라고 하면 몸을 받는 거예요. 그것도 자기가 지은 대로 되는 것이지, 진급이 되는 건 아니에요. 독경을 아무리 한다고 해도 소가 될 사람이 금세 사람이 되는 것은 아닙니다. 결정을 받는 것이란 오늘 몸을 받는 것이지 사람이 되는 날이라는 말은 아닙니다. 그런 세계가 우주에 건립이 되어 있습니다.

대종사님께서 허공에 수라로 있는 영들이 구름 낀 날같이 새까맣게 머물러 있다고 하셨답니다. 법당에서 재 지낼 때, 독경을 하면서 '누구 영가야' 하면 호명 받은 그 영(靈)만 톡 튀어 들어온답니다. 그래서 그 이름을 정확히 알아야 합니다.

그 다음이 아귀죠. 아귀는 사람 같으면 깡패세계입니다. 그것도 귀신세계입니다. 천당, 수라, 아귀는 귀신들만 있는 세계입니다.

그 다음이 축생이에요. 바로 소, 돼지가 되는 것입니다.

지옥은 땅속에 있는 벌레나 물속에 있는 미물곤충이죠.

이 모든 것들이 우주에 근본적으로 건립이 되어 있습니다. 여러분들 눈에 아귀니 수라니 천당이 안보여서 그렇지, 이것은 우주에 건립이 되어 있는 육도입니다.

그런데, 이게 사생의 심신작용을 따라서 되는데 진급되는 시기가 있고 강급되는 시기가 있어요. 지금은 강급되는 시기가 아니라 진급되는 시기라고 합니다. 그래서 그런지 요새 태어나는 애들 다 예쁘지요.

심상에도 육도가 있고

우리들 하루 일과에 있어서도 '심상 육도'가 있어서 늘 육도로 변한다고 했습니다. 심상 육도란 다른 게 아닙니다.

우리가 마음이 즐거울 때는 천상생활을 하는 것입니다.

다음에 고도 있고 낙도 있고 할 때입니다. 즉, 아들을 쳐다봐도 얼굴이 방글방글, 남편을 쳐다봐도 얼굴이 방글방글, 그렇게 가족만 보면 마냥 즐거워서 좋지요. 그럴 때는 인간입니다. 그것을 인간락이라고 말합니다.

수라는 우리가 하루에 육도 생활을 하는데 그 다음에는 목표가 없어요. 내가 뭐 하러 사나. 우리 인생이 너무 짧아요. 그런데 이리 갔다 저리 갔다 하다보면 돌쩌귀 없는 문이 되어 가지고 어쩔 것입니까? 한국에서 미국으로 살러 갔다가 미국에서 살기 싫다고 한국으로 갔다가 이렇게 살다 끝나버리면 어떻게 되겠습니까? 이 수라라는 게 바람같이 정처 없이 떠돌아다니는 것입니다. 수라는 귀신세계인데 그냥 돌아 다닌대요. 우리 마음이 하루도 정착이 안되어 둥둥 떠있어서 내가 무엇 때문에 살고 있냐 그러면 그것이 수라세계예요.

아귀는 인간의 끝도 없는 욕심입니다. 명예욕, 수면욕, 편안하고 싶은 욕심입니다. 식욕, 색욕 등 모든 욕심을 채울 수가 없는 것입니다. 그러니까 설명을 하자면 아귀라는 짐승은 목이 실낱만 한데 배는 장구통만 하답니다. 그러니 아무리 먹어도 배가 안차고 늘 허덕허덕해요.

제가 초창 교화를 한다고 남의 집 곁방살이 할 때, 차를 타고 가다 조그마한 역사(驛舍)를 보면 '아이고, 저런 역 만한 집이 하나 있으면' 하고, 또 작은 창고 같은 것이라도 하나 있으면 그것만 보이는 것입니다. 집이 없는 사람은 그렇게 생각을 합니다.

사람들이 집이 없으니 방 하나, 부엌 하나인 13평 아파트에서라도 살았으면 할 것 아니에요. 그런데 정작 그걸 샀다하면 20평, 30평, 40평, 50평까지 늘리지요. 그러다가 널찍한 집을 장만했는데 영감도 죽어버리고 자식도 다 나가버리고 나면 자기 혼자서 운동할 것입니까. 뭐할 것입니까. 이렇게 욕심이란 끝도 가도 없어요. 이 욕심이 자꾸 죽어야 되는데 말이죠.

전주에서 곁방살이를 할 때, 회장님 집이 400평입니다. 그 집을 원불교에 주려고 저를 데려다 놓은 것입니다. 부인이 거기까지 생각이나 해요. 그러니 나를 얼마나 미워했겠습니까. 내 생각에 그렇게 주고 거기에다가 집을 지어서 옥상에다 자기 방 몇 개만 넣어서 살면 싶더라고요. 그런데 요즘은 들자하니 여섯 가구가 살 수 있는 집인데, 누가 밤에 불이나 켜놓고 와서 살 사람이라도 있으면 좋겠답니다. 영감도 죽고 애들은 다 나가서 살고 있으니 그럴 수 밖에요.

우리 인간 욕심이란 명예욕이나 재물이나 마찬가지입니다. 그것 모아 가지고 뭐할 것입니까. 저는 누가 제가 갖고 있는게 좋다고 하면 줘버립니다. 교도들이 와서 보면 내방에 아무것도 없거든요.

어떤 교도는 "선생님, 저는 그릇도 너무 많고 옷도 너무 많은데 어떻게 할까요." 그래요,

그래서, 옷도 장사 파는 것처럼 쭉 걸어놓고 집안에 젊은 질부나 누가 와서 '이것 참 좋네요.' 하면 '너 맞으면 입고 가

라.'고 하며 주라고 그랬습니다. 옷 안 떨어지잖아요.

살림살이도 마찬가지입니다.

제가 동전주에 있을 때, 어떤 할머니가 늘 무슨 봉투를 가져와요. 마당에다 머우나 찔레나무 등 자기 집에 있는 것 다 파다 심어요. 한번은 오더니 "선생님, 나 죽으면 수의도 하지 말고 부천 며느리가 해온 회색 실크 옷이 있으니 그것 입혀주세요." 해서 준비하라고 다 시켜놓았더니, 일주일만에 깨 볶다가 돌아가셨습니다. 그 며느리가 천주교를 믿는데 시어머니가 새벽마다 교당에 무엇을 이고 가니까 늘 챙겨서 보내더라고요. 그래서 제가 "너는 천주교 믿는데 왜 보내느냐."고 물으니까 "어머니가 하던 일이니까요." 그러더라고요.

할머니가 방석이며, 요며, 이불이며 교당에 다 갖다 놓고 돌아가셨습니다. 제가 "왜 이렇게 가지고 오세요. 자녀들 보면 어쩌려고." 그러니까,

"아니요, 보는데 가지고 가면 싫기는 할 겁니다. 그렇지만 나 죽고 나면 아무도 쓸 사람이 없습니다. 요를 쓰겠어요, 방석을 쓰겠어요, 접시를 쓰겠어요. 새로 나온 것 다 쓰는데 제가 다 없애버려야지요." 그래요.

여러분들 마음 가운데 자꾸 갖고 싶은 것이 있으면 아귀보받은 줄 아세요. 젊은 사람이야 자기가 청춘이 구만리이니까 자꾸 사지만, 나이 40이 넘으면 죽어 가는 보따리를 싸라고 했습니다. 어떤 게 죽어 가는 보따리를 잘 챙기는 사람이에요? 애착, 탐착 없이 내가 길을 떠날 수 있는 사람입니다.

그 다음에 축생이 있습니다. 축생은 짐승세계입니다. 염치가 없는 사람보고 축생이라고 하잖아요. 저 혼자 퍼먹는 놈 보고 '돼지 같은 놈', 멍청한 놈 보고 '소 같은 놈' 그러잖아요. 그것에 비하면, 30계문에 담배를 피우지 마라 술을 마시지 마라 그것은 아무 것도 아닙니다. 30계문 끝에 가면 삼독심인 탐심, 진심 치심을 내지 말라고 했습니다.

탐욕심이 치성하면 아귀고, 또 어리석으면 축생, 진심은 지옥입니다.

생활에도 육도가 있습니다

앞에서 심상 육도를 말했는데, 또 생활 육도라는 게 있습니다.

우주에 건립된 육도가 있고, 우리 생활도 천층만층이지요. 천상 생활을 하는 사람이 있는가 하면, 인간 생활을 하고, 또 정처 없는 수라생활을 하고, 그 다음에 아귀 욕심세계에서 사는 생활을 하고, 예의염치가 없이 사는 금수생활을 하는 사람이 있고, 세상 사람을 하나도 포용 못하고 자기 혼자 독불장군으로 세상을 부인하며 지옥생활을 하는 사람이 있습니다.

제가 영광 군남에 있을 때 잘 사는 집에 4, 50대 되는 할아버지가 있었습니다. 매일 세상의 종교인들을 싸잡아서 욕하고 앉아 있는 사람입니다. 자기 부인은 원불교 열심히 다니는데,

자리에 앉기만 하면 종교인들이 무엇이 어쩌고저쩌고 하는데 원불교는 그때만 해도 소문이 안 났는지 원불교만 빼고 비방하였습니다. 또 정치인들에 대해서도 험담을 한다는 것입니다. 하루는 청년이 와서 '우리 집안에 아저씨 한 분이 늘 세상 사람 욕을 하고 앉아 있으니 선생님이 한번 만나 보시죠' 그래요.

그래서 그 집을 가니까 열녀문같이 생긴 현판이 걸려 있어요. 대문이 두 개인가 세 개인가 되는데 들어가니 할아버지가 아랫목에 앉아 있었습니다. 그런데, 이 할아버지가 손님을 봐도 일어나지도 않아요. 그래서 내가 절하게 일어나라고 했죠. 자기가 앉아 있는데 내가 절할까요. 내가 자꾸 일어나라니까 일어나기에 맞절을 했습니다. 그리고 얘기를 쭉 하고 그 집 부인이 점심을 차려줘서 겸상을 해서 먹고 나니 마음이 확 풀어졌습니다. 제가 교당에 꼭 한번 오라고 신신당부를 하고 왔어요.

이게 지옥입니다. 친척들 누구도 그 집에는 가는 사람이 없어요. 말이라고 하는 것은 욕밖에 안 하니까. 울안에 기와집이 대여섯 채 있어도 그게 지옥입니다. 남을 전혀 포용하지 못하면 그게 지옥입니다

세상 사람이 죽으면 열반했다고 합니다. 이것은 불교에서 굉장히 높여서 말하는 것입니다.

사람들이 말할 때 기독교에서 말하는 천당하고 불교에서 말

하는 극락하고 같은 자리라고 하는데 이것은 무식한 것입니다. 일원상은 하느님의 할아버지 자리입니다. 하느님은 절대 하나라고 하지요. 그러면 1 앞에는 뭐가 있지요. 0이 있지요. 그러니까 하느님 할아버지 자리지요. 극락이라는 것은 천당과 같지 않습니다. 극락이란, 고(苦)는 물론이거니와 낙(樂)도 다 끝나버린 자리입니다. 고와 낙, 죄와 복 그렇게 모든 상대가 끊어진 자리입니다.

육도는 자꾸 돌아요. 심신작용 따라서 돌고 돌아 변화가 일어나는데 극락자리는 그것이 없는 자리, 돈공한 자리입니다. 이 돈공한 자리에서 공적영지 광명을 따라서 모든 삼라만상이 다 일어납니다.

여기 불을 딱 꺼버리고 하나의 빛도 안 들어온다면 캄캄하잖아요. 그게 공적자리입니다. 이 법당이 공적자리예요. 그런데, 전기 불을 켜면 빛이 있어서 누가 있는지 다 알 수 있습니다. 이게 광명을 따라서 삼라만상에 다 펼쳐지는 거예요. 광명이 없으면 없어져요.

비단 옷 입고 밤길 걷는다는 말 못 들었어요? 울긋불긋 입었는데 캄캄한 밤에 걸어가면 누가 저 사람이 빨간 치마 입었네, 노란 치마 입었네, 알아요? 모르잖아요. 그 캄캄한 밤에는 구분이 안 납니다. 이것은 그렇게 구분, 분별이 끊어진 자리입니다.

그런데, 공적영지의 광명이라는 소리는 광명자리입니다.

그리고 끝에는 '진공묘유의 조화는 우주만유를 통해서 무시광겁에 은현자재한다'고 써져있어요. 진리가 왜 이랬다 저랬다 합니까? 진리는 하나라는데 어째서 여기는 광명을 따라서 모든 것이 펼쳐지는데 저 끝에 가서는 묘유의 조화를 따라서 무시광겁에 은현자재하는 거라고 하고.

제가 학생 때 이 둘을 아무리 하나로 만들려고 해도 안돼서 고생했습니다.

'진공묘유의 조화라는 것은 바깥의 우주적인 진리 같고 공적영지는 내 성품자리에서 분별이 나니까.' 하는 생각이 나서 밥만 먹고 나면 고산 법사님한테 가서 "선생님, 이거 한 개가 안 되네요." 하고 자꾸 물었습니다.

그런데, 늘 가서 해봐야 그것이 하나가 안돼요. 이것도 자기가 터득을 해야지 가르쳐 가지고는 되는 일이 아닙니다.

하나인 자리입니다. 하나인데 여기는 광명자리고, 묘유 자리는 조화 자리인데 확 비쳤지요.

광명을 비추니까 삼라만상이 전부 다 분별이 나타나죠. 그러면 가만히 비추기만 하면 어쩔 거야. 조화가 일어나야지. 그 조화가 무엇이냐 그 말입니다.

흙으로 말하자면, 생로병사를 따라서 변화가 일어납니다.

나무가 죽었다고 하면, 죽나요? 썩지요. 나무가 썩으면 거기에서 또 발효가 됩니다. 죽는 게 아니에요. 그것도 살아 있어요. 영원히 죽는 것은 하나도 없습니다. 우리가 이것저것을 다 집어먹었는데 대변으로 나옵니다. 그 대변도 발효가 되어서 온갖 조화를 다 부려요.

그러면 그게 하나인데 어째서 그렇게 되나.

예를 들자면 전기가 하나인데 전구는 빛이지요. 그러면 또 스위치를 누르면 따뜻한 김이 확 나옵니다. 모터가 그럽니다. 그럼 그 모터나 이 전구빛이나 어디에서 나와요. 전기라는 데에서 나오잖아요. 그러니 그게 하나인 자리입니다. 그게 쓰임새에 따라서 모터로 쓸 때는 발전이 되고 전구로 쓸 때는 빛이 되고 그럽니다.

이것도 마찬가지입니다.

조화는 뭐고 광명은 뭐고 진공묘유의 조화는 우주만유를 통해서 무시광겁에 은현자재합니다. 우리가 영원히 죽어버리면 좋겠는데 자꾸 육도로 변화를 합니다. 육도로 변화를 해서 자꾸 일어납니다. 묘유는 변하는 것입니다. 광명은 우리가 구분할 수 있게 삼라만상을 비치는 것이고요. 그래서 이 극락하고 천당하고는 달라요.

천당에서도 복이 다 끝나면 바로 지옥으로 직행할 수도 있습니다.

청와대가 우리 나라에서 천당인데 거기에서 바로 형무소로 가버리는 수가 있다 그 말입니다. 인도 수라 아귀 축생으로 변할 것도 없이 직통으로 내려가 버려요. 그러니까 이 천당이라는 것은 직통으로 갈 수도 있고 서서히 인도 수라 아귀 축생으로 변화가 일어나는 때도 있습니다.

똑같은 자리에서 양쪽에 아귀가 있습니다. 그런데 한쪽 아귀는 진급되는 아귀고 한쪽 아귀는 강급되는 아귀입니다. 똑같은 아귀라도 진급되는 아귀가 있고 강급되는 아귀가 있습니다. 인간도 마찬가지예요. 인도도 진급되는 인도는 천당으로 가고 강급되는 인도는 수라로 내려오잖아요.

혹은 진급으로 혹은 강급으로

진급이 되는 생활

우주가 몇 만겁을 통해서 진급되는 때가 있고, 강급되는 때가 있답니다. 앞으로 돌아오는 세상은 진급시대랍니다. 신문에 보니까 빙하가 녹아서 쪼개진답니다. 빙하가 녹으면 육지가 물에 들어갈 것 다 들어가고 나올 것은 나옵니다.

진급시대에는 애들이 태어나도 인물이 다 좋고, 키도 크고, 머리도 명석할 뿐 아니라, 기후가 따뜻해서 먹고 살 것도 풍부하답니다.

그와 동시에 한국은 성시대로 들어섰답니다. 지금 다른 데에서는 사상도 공산당이니 민주주의니 남아 있지 않은데 한국은 지금도 고리가 남아 있잖아요. 세계평화를 추구하는데, 한국이 그 열쇠를 갖고 있습니다.

육도 윤회도 천당에서 인도로, 인도에서 수라로, 수라에서 아귀로 그 진강급이 자연적으로 돌아가는 때가 있지만, 우리는 자력으로 마음이 날마다 진급되도록 닦아야 합니다.

내가 이렇게 심법을 좋게 쓰면 금생 보다 나을 것입니다.

그런데, 윤회를 안 믿는 사람이 있습니다.

내생이 있다고 생각하는 사람과 내생이 없다고 생각하는 사람과는 생활표준이 다릅니다. 내생이 있다고 생각하며 사는 사람은 혹 습관으로 할 수 없이 짓는 경우는 있지만, 죄 지을 생각은 꿈에도 하지 않습니다. 반면에, 내생이 없다고 생각하는 사람은 '노세 노세 젊어서 노세 늙고 병들면 못 노나니' 하고 살아갑니다. 대종사님께서 그 노래를 들으셨으면 혼내셨을 겁니다.

인과를 믿거나 말거나 본인들 자유이지만, 부처님께서 3천년 전 육도 윤회를 말씀하셨는데 그것이 만약 거짓말이면 3천년 동안 어떻게 이 말이 전해 오겠습니까?

내생이 없다고 꼭 믿는 사람은 '살짝 돌려 먹자. 누가 봤나.' 그렇게 사는 사람입니다.

유교에서도 "암실기심(暗室欺心)이라도 신목여전(神目如電)"이라고 했어요. 깜깜한 밤에 저 혼자 한 일도 귀신의 눈은 번갯불과 같습니다. 귀신이라는 것은 유교에서는 음양을 말합니다. 우리는 음양상승의 도를 따라 후일에 죄를 받고 선을 받는다고 하지요.

그리고 은의를 감수해라. 널리 은혜를 베풀라고 했지요.

우리가 어느 곳에서 사람을 만나지 않을 때가 있나요?

원수는 피할 수 없는 외나무다리에서 만난다고 합니다.

"우물물 안 먹는다고 침 뱉고 가면 꼭 먹게 된다."는 속담도 있습니다.

이런 이야기가 있습니다.

큰 홍수가 나서 개미가 나뭇잎파리 위에 타고 떠내려가고 있는데, 비둘기가 가만히 보니까 불쌍하다 싶어 내려가서 나뭇잎파리 채 물어다 놓으니까 개미들이 "내가 언젠가는 이 은혜 꼭 갚을게." 하더랍니다. '조그만 개미들이 무슨 은혜를 갚아.' 하고는 헤어졌어요. 그랬는데 한번은 이 개미들이 한번 보니까 자기들을 살려준 비둘기에게 포수가 총을 겨누고 있거든요. 그래서 이 개미들이 포수의 발가락을 꽉 물어버렸습니다. 그래서 포수가 '아이고' 하며 총을 놓아버렸잖아요. 그런 수도 있습니다.

그러니까 우리가 남한테 이익은 못주더라도 그 사람을 단나면 '저 사람 여기서 또 만났다.' 이 말보다는 '선생님, 또 단났습니다. 점심 사드릴게요.' 할 정도는 되어야지요.

내생을 믿으면 일생이 달라집니다

내생이 있다고 생각하면 일생이 달라져요. 죄 짓는 일은 절대로 안 합니다.

여러분들이 혹 돈을 빌려준 일이 있나 모르겠어요.

그런데, 돈을 빌려줬는데 내 돈을 떼먹는 놈이 있어요. 그럴 때 내 마음에 원수를 갚아야겠다 하는 생각이 안 들고 '사람 줬으니 됐지 뭐. 집에 불난 폭 잡지 뭐.' 이렇게 마음이 되어 버리는 경우가 있습니다. 그것은 전생에 그 사람의 돈을 받은 사람이랍니다. 그런 마음이 드는 사람은 자꾸 내 돈을 갖다 먹어도 보복할 생각이 안나요. 그것도 전생에 그 사람한테 빚을 진 사람입니다.

부모 자식 부부 형제 이웃 이것이 전부다 전생에 살던 인연들이 이렇게 저렇게 모여서 된 것이니 누구 원망할 것 하나도 없습니다.

육도 윤회를 볼 때 진급될 사람은 절대로 양심을 안속입니다. 금생에 사는 것은 팔 병신이고 눈 병신이고 가난하고 그렇지만 남들이 말할 때는 '저 사람은 법 없어도 살 사람이다.'는 말을 듣는 사람은 내생에 반드시 진급이 됩니다.

여러분, 될 수 있으면 수도인으로 태어나야지 전쟁하는 대장으로 태어난다든지 정치인으로 태어나면 몇 세상동안 그렇게 과보를 받게 됩니다.

여러분이 생각하기에 감히 김구 선생을 총 쏘아서 죽일 사람이 어디 있어요? 그런데, 김구 선생을 죽인 안두희라는 사람은 제 명대로 늙도록 살다가 작년, 재작년엔가 어떤 사람이 죽여서 죽었어요. 다 늙은 사람을 뭐하려고 죽였나요. 그런데, 그 사람이 어떻게 그렇게 오래까지 살아있나요? 그 애국자를 죽였는데요. 그런데, 그 사람도 이야기를 들어보니까 김구 선생이 상해로 떠날 때 어떤 일본 놈이 보초를 서고 있는데 김구 선생이 뒤에서 목을 비틀어 물에 던져 버렸답니다. 그 일본 사람을 던진 동네에서 암살자가 태어났답니다.

우리가 가만히 생각해봐요. '유관순 유관순' 하잖아요. 그 때 유관순 하나만 죽었나요? 얼마나 많은 사람들이 죽었는데. 그 때 죽은 다른 사람에 대해서는 하나도 말이 없고 유관순이만 떠들어대나요. 그것이 앞장서서 지도를 해서 그렇습니다. 그 때 나이 17살인가 되었는데, 형무소에서 아기들이 기저귀가 젖어서 울어대니까, 유관순이 허리에다 그 젖은 기저귀를 감아서 말려 가지고 애들을 채워주라고 줬답니다. 형무소에서도 온 사람이 만세를 불러대고 똑같이 죽었지만 그 일에 앞장선 사람이라 공로가 있습니다.

정치가라든지 혁명가라든지 전쟁하는 장군이라든지 이런 몸을 받아서 태어나면 좋은 일을 하고도 살생을 하거나 그런 짓을 저지르기 때문에 세세생생 단명보를 받습니다.

여러분, 교전을 잘 읽어보세요.

법어에 정난자(靖亂者)도 성인(聖人)이요, 난리를 평정시킨 사람도 성인이요. 작난자(作亂者)도 성인(聖人)이라, 난리를 일으킨 자도 성인이라 하셨습니다. 세상 사람들이 너무 팽팽하게 살면 복을 하나도 안 지으니까 또 난리를 친답니다. 자각을 시키기 위해서 고통을 한 번 줘요. 그것도 성자가 하는 일입니다. 보통사람들이 하는 일이 아닙니다. 성자가 난리도 일으켰다가 평정시켰다가 하면서 사람들을 단련시킵니다.

그렇게 자기의 심신작용을 따라서 육도 윤회를 합니다. 박대통령 부부도 총 맞아 죽고, 김구선생도 총 맞아 죽고. 그리고 간디도 총 맞아 죽었습니다.

정치가나 또 이런 군인이나 그런 사람들은 그런 과보를 받습니다. 국민을 위해서 살다간 사람도 그런 과보를 받고 하는데, 하물며 연고 없이 살생을 할 것입니까? 대종사님께서 연고 없이 살생하지 말라고 했잖아요.

대종사님 당대 때, 교도가 자기 아이가 열이 오르는데 주위에서 털도 안 난 참새 새끼를 삶아서 먹으면 낫는다고 하니까 대종사님께 쫓아가서 여쭸어요. 대종사님께서 그래 "네 새끼를 누가 잡아다 그렇게 하면 좋겠냐." 해서 그만 두었답니다. 생각해보세요. 우리가 생각했을 때 참새 새끼가 새 새끼이지 아무 것도 아니잖아요.

대종사님께서 "산 생명을 함부로 하지 말라. 그 아이는 명 있으니 안 죽는다."고 그러셨어요.

우리가 내 보신을 위해서 살생을 한다든지 이럴 때는, 그 짐승이 사는 것보다 내가 사는 것이 훨씬 인류를 위해서나 인간을 위해서나 값어치가 있다고 생각하면 잡아먹어라. 그렇지만, 내가 살기 위해서 그만도 못할 짓은 하지 마라. 그것을 약 삼아 먹고 살아나서 좋은 일을 많이 해야 됩니다.

여러분 식탁을 보세요. 온 들에 있는 것을 우리가 다 먹죠. 풀 다 주워 먹고, 바다에 있는 것 다 주워 먹고, 날아다니는 것 다 주워 먹고.

우리가 내 몸뚱이 하나를 살리기 위해서 얼마나 많은 동포들의 은혜가 있습니까?

하늘과 땅 사이에 있는 모든 물체가 다 동포예요.

그래서 우리 하루 생활이 이 육도 윤회를 볼 때, 내가 죄를 얼마나 짓고 사는지 하루를 결산해 봐야 합니다. 또 정신적으로나 육신적으로나 물질적으로 빚이 얼마나 되는 지도 계산이 되어야죠.

살 뺀다며 에어로빅 한다고 난리 치지 말고 먹기를 작게 먹어요. 많이 먹으면 화장실부터 가야지요. 화장실 물 내려가는 것이 얼마나 오염이 되는지 알아요?

우유 한 컵을 맑히려면 물 한 드럼이 들어가야 한답니다. 그런데, 우리가 도에 넘게 많이 먹고 배출하는 것도 다 오염입니다.

에티오피아 애들은 비타민 영양제 한 개만 먹으면 눈이 안 먼답니다. 한국 돈으로 천원 어치래요. 그런 사람들이 지구상에 꽉 찼어요. 상상을 해봐요. 어떤 세상은 굶어서 죽는다고 난리인데, 한쪽에서는 살 뺀다고 난리니. 이러면 어찌 되겠어요.

혹은 은생어해로 혹은 해생어은으로

진리의 본체를 알아야 합니다

대종사님 당대, 어떤 할머니가 얼마나 가난하던지 대종사님께 뭐라도 갖다 드리고 싶은데 갖다 드릴 게 없어요. 그래서 무를 깨끗하게 씻어서 가슴에 품어 가지고 왔습니다.

"왜 이렇게 무가 따뜻한가?"

"제가 가슴에 넣어 가지고 왔습니다."

"왜?"

"따뜻하게 잡수시라고요."

저는 여기저기 다니면서 잘 얻어먹을 때마다 자꾸 대종사님 생각이 납니다. 그 할머니가 아무리 음식을 잘 차려 놓아도 뭘 차려왔겠어요? 그런데 그 집안 사람들이 전무출신을 참 많이 했습니다.

우리가 요즘 너무 잘 먹고 하는데 복을 잘 받았다고 생각합니다.

오늘 자리가 많이 비었네요.

부활절이라고 사람들이 다 노는가 봅니다.(시카고교당에서 설법 중이심) 부활절이라는 게 도대체 뭡니까? 여기 교회 다니는 사람들도 왔지요?

(답) 예수님이 죽었다가 다시 살아나셨다는 날이랍니다.

지금 살아서 돌아다니세요? 어디 있어요? 살아 계신다면 싸움이나 좀 말리라고 그러세요. 중동에 난리 났습니다.

제가 어디서 제대로 된 책을 보았는데, 그 당시에는 십자가에 못 박아 죽이는 사형을 받은 사람은 땅에 묻을 수가 없었답니다. 그래서 산이나 들에 버리면 짐승이나 새들의 먹이가 되었겠지요. 그런데, 어디 굴속에 넣고 아침에 보니까 시체가 없어져 버렸어요. 그 시체는 12사도가 모셔다 묻었겠지요.

치운 사람도 발각이 되면 사형이니까 승천했다고 소문을 냈던가 봐요. 그래서 부활절인데.

불교는 그런 게 비일비재합니다. 밖에 달마대사 그림 있잖아요. 달마 스님도 그랬어요.

달마 스님이 열반하시자, 화장해서 사리며 유품까지 탑 속에 넣었습니다. 중국에서 인도로 넘어가는 축령재라는 재가 있는데, 달마 스님하고 안면이 있는 중국 사신이 인도를 다녀오다가 축령재에서 달마대사를 만났어요.

"스님, 어디 가세요."

"나, 우리 고향으로 가네."

그런데, 가만히 보니 신을 한 짝만 막대기에다 끼고 가는 거예요.

"왜 신을 한 짝만 갖고 가십니까?"

"하나 줄까?"

그래서 신을 하나 받았습니다.

왜 달마 스님은 신을 한 짝만 갖고 갔을까?

그것이 성리입니다. 달마단외. 마조는 차만 홀짝 홀짝 마시고. 덕산은 몽둥이로 두드려대고. 성철 스님도 사람들이 와서 절을 하면 두드려댔죠.

그 사신이 절에 신을 갖고 와서 "이 신을 축령재에서 달마 스님한테 받았습니다." 하니, 사람들이 "희한하다. 분명히 탑 속에 넣었는데 어떻게 나왔을까?"

그래서 탑을 열고 보니까 신이 한 짝 밖에 없어요. 하나는 들고 가버렸으니까.

이게 기독교 같으면 난리가 날텐데. 그것을 부활했다고 합니다.

더러는 이렇게 설명을 하기도 하지요. 이 세상에 다시 태어나는 것을 윤회라고 하는데, 그 사람들은 죽은 시체가 그대로 부활했다고 생각하고 있습니다.

예수님 시신을 그대로 방치해서는 짐승들이 상하게 하니까 모셔다 묻고 부활했다고 하는 것입니다. 이것이 2,000년 동안 내려온 부활절이라는 겁니다.

그럼, 달마 스님도 부활절 해야 하겠네요. 믿어도 제대로 알고 믿어야 합니다.

부처님도 태어나서 일곱 걸음을 걸어가면서 "천상천하 유아독존"이라 했다고 하지요.

그렇게 할 수 있겠어요? 그리고 또 부처님이 어머니 옆구리를 뚫고 나왔답니다. 그게 부처님 탄생설이에요. 그게 가능합니까?

요즘 말로 옆구리 뚫고 나오는 게 제왕절개수술입니다. 그때는 의학이 발달이 안되어서 유리조각으로 배를 갈랐답니다. 제왕절개술의 '제왕'이라는 이야기가 부처님 탄생설화에 근거한 것이랍니다.

그래서 어머니 마야부인이 부처님을 낳고 일찍 돌아가시지 않았나요? 그것만 가지고 따지면, 천하에 불효자이죠. 옆구리로 나와 가지고 어머니가 죽었으니까. 그것을 그냥 이치로 믿어야지, 그것을 실화로 믿으면 끝이 없습니다.

일곱 걸음이나 걸어가는 것도 송아지나 망아지나 걸어가지 사람이 그렇게 걸어갈 수도 없는 것입니다. 믿어도 이치에 맞게 믿어야 합니다. 대종사님도 성자이지만, 대종경 어디에 그런 말이 있어요?

대종사님께서도 초기에는 미개한 사람들을 위해서 방편으로 신통묘술을 하셨지만, 그것은 정법이 아니라고 생각도 못하게 했습니다.

대종사님 외에는 어떤 성자도 자기 태어난 마을에서는 제도를 못했습니다. 왜 그럴까요? 어릴 때를 보고 안 어른들은 어릴 때 생각만 할 것 아닙니까?

정산 종사님도 성자가 되고 난 후에는 고향에 한번도 안 갔답니다.

다른 종교인도 진리 본체 자리를 알아야 어떤 사람이 무슨 방편을 써도 '이것은 방편이구나.' 하는 것을 압니다. 그것을 모르면 이리 흔들 저리 흔들 합니다.

제가 스물 여섯 살에 교무로 나갔는데, 신도안에 유명한 관상쟁이가 있었습니다. 최희공 박사 고모할머니 딸이 서울 의대에 다니는 남자하고 결혼을 해서 1년도 안됐는데 6.25가 나서 남편이 없어져 버렸어요. 외삼촌이 나이 드신 할아버지인데, 날마다 "아이고, 우리 일신이 저 나이에 어떻게 청상과부로 평생 살아갈 것인가." 하고 걱정이 태산이었습니다.

한번은 임경원 이라는 관상쟁이가 와서 봐줬으면 좋겠다고 하더니, 어떻게 해서 관상쟁이가 나타났습니다. 그래서 청년들을 데리고 올라갔지요. 그 관상쟁이가 조그만 사진을 하나 보더니 "아, 이북 갔겠구먼." 해요. 그런데, 몇 년 있자 일본을 통해서 이북에서 편지가 왔어요. 이북에 살면서 간호사와 결혼해서 3남매 낳아 살고 있다는 내용이었습니다.

청년들한테는 관상쟁이한테 관상을 보라고 하고 저는 안 봤습니다. 저는 체면에 관상은 못 보겠더라고요. 그랬더니 청년들이 "선생님도 관상 좀 보세요." 그래서 제가 "관상(觀相)이

심상(心相)이니라.” 그랬어요.

그랬더니 관상쟁이가 나를 보고 '바릿대형' 이래요. 밉게는 생겼어도 어디 가면 복이 있대요. 살림이 일어나고 제자가 많이 따르겠대요. 그 소리 듣고 대답도 안 했습니다.

여러분, 바른 진리를 믿고 있으면 어떤 사람이 무슨 소리를 해도 흔들릴 리가 없어요. 끌리지도 않아요.

그런데, 그 관상쟁이는 3년 있다가 죽어버렸습니다. 자기 죽을 것도 몰랐는가 봐요.

제가 요즘 하나 깨친 게 있습니다.

여기서 오후 4시인가 됐는데, 한국에서 전화가 왔어요.

“몇 시나 됐냐?”

“아침 6시입니다.”

“그럼, 거기에 조금 전에 해가 떴겠네. 왜 해는 하나인데 거기에서 뜨지?” 하면서 웃었습니다.

또 변화하는 쪽으로 보면 성주괴공으로 생로병사로 사생의 심신작용으로 육도로 변하고 있어요. 그래서 혹은 진급으로 혹은 강급으로, 심신작용을 따라서 자연적으로 진급도 되고 강급도 되고 그럽니다. 우리는 진급은 될지언정 강급될 일은 하지 말아야겠습니다.

강급 한번 되었다가 진급을 하려면 수많은 생 동안 고생을 해야 합니다.

제가 책을 하나 보았는데 “공부인이 공부가 어느 정도 습관이 되어 고비만 넘기고 보면, 진리를 깨치지는 못해도 죽을 때 지옥에는 안 떨어진다."고 했습니다. 왜 그럴까요?

법회 때는 어떤 일이 있어도 와야 합니다.

'나 하나 빠지면 어때.' 하는데 전부 그런 맘을 가지면 어떻게 되겠어요.

옛날에 어떤 사람들이 술독에 십시일반으로 술을 채우자고 했대요. 그런데, 이 사람들이 나 하나 물을 따라도 되겠지 생각하고 부었는데, 다들 그랬던가 봐요. 그래서 그 술독에 물만 찼더랍니다.

우리가 총부에서 법회를 볼 때면, 숭산 법사님을 비롯해 원로 어른들이 앞에 쭉 앉아 계십니다. 모범을 보이신 거예요. 새벽 좌선 때부터 그러십니다.

우리가 열심히 법회에 참석해서 마음공부 하면 진리는 못 깨쳐도 지옥에는 안 떨어진다 그 말입니다. 늘 들은 말이 있으니 죽을 때도 한마음 챙기기는 하겠지요.

진급이 되고 은혜는 입을지언정 이라고 했는데, 그것은 공부를 하는데 진급이 되고 은혜를 입자고 하는 것입니다.

가난이 밑천입니다

'은생어해 해생어은(恩生於害 害生於恩)' 이라고 했습니다.

진리가 은생어해 해생어은입니다. 은혜가 해가 될 수도 있고 해가 은혜가 될 수도 있습니다. 공부인들은 일이 혹 잘못 돼도 동기를 생각해야 합니다. 무슨 동기가 있겠지 하고 말이에요.

가뭄이 들어 저수지에 물이 조금 남으니까 사람들이 물고기를 잡아다가 큰 대야에다 물을 붓고 담아놓았더니 물고기들이 좋아하더랍니다. 금세 가마솥에 들어가서 죽을 줄도 모르고요. 바로 은혜에서 해가 나온 것입니다. 모든 일이 다 마찬가지입니다.

맨하탄에서 교도가 한 사람이 왔는데, 인터넷을 보고 찾아왔대요. 그 사람은 부모가 집에서 절대 한국말을 못하게 해서 한국말을 못하게 되니 부모님을 원망하더랍니다. 자기가 한국어를 유창하게 해야 미국사람들을 교화할텐데 말이지요.

'인간만사 새옹지마(人間萬事 塞翁之馬)'란 고사가 알지요? 그것도 은생어해 해생어은입니다.

하나가 좋으면 그 중에 나쁜 것이 하나 꼭 있고, 하나가 나쁘면 그 속에 좋은 것이 꼭 하나 있다 그 말입니다. 음지가 양지되고 양지가 음지 된다는 말도 그 말입니다.

쥐구멍에도 볕들 날이 있다고 하지요.

그러니 우리가 세상을 살아갈 때에 나에게 나쁜 일이 왔으면, 일원상 서원문을 반조하면서 '응. 이것이 거름이다.' 하고 돌려야 합니다. 이게 밑천입니다. 가난이 밑천입니다. 나쁜 게 밑천입니다. '이것이 좋은 일로 변할 것이다.' 라고 생각하면서 안심하라는 것입니다.

'화무십일홍(花無十日紅) '권불십년(權不十年)' 입니다. 지금 한국은 뇌물과의 전쟁을 하고 있습니다. 전직 검찰총장까지 걸려 들어갔대요. 검찰총장까지 되려면 얼마나 힘이 드는데.

수도인도 교도들이 주는 것 주는 대로 받아먹고 나면 내생에 교도들 밑에 가서 빚 갚느라고 종노릇만 합니다. 교도들은 교무님들한테 바쳐서 진급하는데 말이에요. 공부를 안 하면 더 그래요.

수심결에 보면 견성도인은 하루에 만 냥을 써도 빚이 되지 않는다고 그랬습니다. 수도인이 그 만 냥을 자기 호의호식하느라고 쓰겠습니까? 좋은 일에 쓰지요.

대산 종사님께 시봉금을 다 드려도 당신을 위해서 쓰는 것은 하나도 없습니다. 아침에 감자 한쪽 드시고 그래요.

제가 전주 있을 때 교도님이 도미 좋은 것을 갖다 줘요. 그 때, 저는 보지도 않은 생선이지요. 그것을 신도안에 계신 대산 종법사님께 보내드렸지요.

법사님이 "야, 이것 제사지낼 때 쓰는 것이다" 하면서 기사를 줬대요. 집에서 제사 지낼 때 쓰라고요. 그래 기사는 받아다가 집에서 펼쳐보니 자기가 먹으면 안될 것 같더래요. 그래서 영훈 사모님께 갖다 드렸답니다. 사모님은 또 어떻게 하셨는지 모르지요. 아마 한참 돌았을 것입니다. 그 어른도 조금만 어려운 사람 있으면 다 돕고 사셨으니까요.

가르쳐서 아는 게 아닙니다

대산 종사님 어머님께서 열반 무렵에 아들한테 '무근지수일주(無根之樹一株), 무음양지일편(無陰陽地一片), 무음향곡일곡(無音響谷之一谷)' 에 대해서 물었습니다. 그런데 대종사님이 가르쳐주지 말아라 하셨답니다. 왜 가르쳐주지 말라고 했을까요. 의두요목 이라는 것은 가르쳐주면 참 싱겁기 이를 데가 없습니다.

그러니 사람들이 연구를 안하고 그냥 들으려고만 생각할 뿐, 또 가르쳐주면 "응, 그래요?" 그러지, 스스로 연구해서 깨치려고 생각을 안 합니다. 그러니 가르쳐 주는 것은 아무 소용이 없습니다.

김치도 어떻게 담는다고 가르치면 "응, 그래?" 하면서 쉽게 대답을 합니다. 그런데, 정작 자기가 해보면 그 맛이 안나오잖아요. 그것을 자기가 확실히 터득해야 김치 맛이 제대로 나듯, 알려 줘서 "응, 그래." 하는 것과 자기가 터득한 것은 다릅니다.

교당에서는 아침마다 공사(회의)를 합니다. 내가 이것을 부교무한테 물어봤더니 "그거 본래자리 아니에요? 한 생각나기 이전 아니요?" 이렇게만 대답을 해요.

원불교 교도라면 그 정도는 다 할 수 있습니다. 그런데, "어째서 그러냐?"고 다시 물으면 대답을 못합니다.

어찌 해서 왜 뿌리 없는 나무, 음양이 없는 땅, 메아리가 없는 계곡이라 하셨을까.

이런 것도 여러분들께서 그냥 넘기지 말아야 합니다. 대종사님께서 성리는 가르쳐주지 말라고 했으니까 저도 안 가르쳐 드리겠습니다.

이것을 '한 생각이 나기 이전 자리다. 본래 자리이다. 하나인 자리다.' 하는 말은 누구든지 하지요. 그렇게 누구나 대답할 수 있지만 왜 하필이면 이 세 가지를 여기에다 인거를 했는지 여러분들께서 그 이유를 연구해보세요.

일원상 진리를 처음부터 보세요.

'변하지 않는 자리로 무량세계를 전개하였고, 변하는 자리로 무량세계를 전개하였고' 그렇게 되어 있습니다. 그 생각을 머리에다 두고 한번 읽어보십시다.

일원은 언어도단의 입정처이요(중략). 능히 유상도 하고, 능히 무상도 하고 그렇습니다. 능히 변하기도 하고 능히 변치 않기도 합니다. 유상으로 보면 상주불멸로 여여자연하게 무량세계를 전개하였고, 무상으로 보면 우주의 성주괴공과 만물의 생로병사와 사생의 심신작용을 따라 또 변하는 자리로 나옵니다.

이 변하는 자리로 볼 때, 음부경에는 은생우해 해생우은 이라고 우(于)자가 써있어요. 우리는 어(於)자가 써져 있는데, 그것은 필연적으로 그렇게 되어 있습니다. 세상은 은혜에서 해가 나오고 해에서 은혜가 나오게 되어 있습니다. 그것은 필연적입니다.

일원상의 진리가 그렇지만, 우리가 그것을 자유할 수 있습니다. 은혜에서 계속 은혜가 나올 수 있도록 우리가 공부를 해야 합니다.

끝에 '은혜는 입을지언정 해독은 입지 아니하기로써' 라고 되어 있거든요.

제가 아는 사람 중에 군산상고에서 수학을 1등 할 정도로 공부를 잘 해서 신탁은행에 들어간 분이 있는데, 동화은행에서 그 사람을 스카웃해서 지점장이 됐습니다. 그런데 이번에 해직을 당했어요.

세상은 이렇게 변화무쌍합니다. 그전에는 은행 직원이 은행 망하는 것을 상상이나 했겠어요? 상상도 못했지만 그런 일도 있습니다.

일원상 진리를 보면 능이성 유상하고 능이성 무상합니다.

대종사님께서는 수양을 잘 해서 좋은 것이 다가오면 이것이 영원히 좋게 될 수 있도록 노력을 하고, 안 좋은 것이 다가오면 좋게 될 수 있도록 노력을 하라고 하셨습니다.

몇 년 전에 통영 지부장 아들 장례를 치른 일이 있습니다. 우연히 그 집에 연락할 일이 있어서 전화를 하니까 아무도 안 받아요. 그래서, 교당에 알아보니까 병원에 두 부부가 입원을 했어요. 그 병원에 전화를 해보니, 통영 조선소를 운영하던 그 어른이 하나 있는 아들이 앞서 가니까 기력이 싹 빠져 가지고 조카한테 조선소 운영을 맡겼는데 그것이 잘못되어 버렸답니다. 그 집에 가면 감투가 많아요. 명예 경찰서장, 명예 시장,

명예 충무공기념사업회 회장 이런 게 열 개도 더 됩니다. 그리고 역대 대통령하고 악수한 사진을 다 걸어놓았어요. 내가 그것 치워버리라고 하니까 섭섭해 하더라고요.

그때 당시에 전두환 씨하고 찍은 게 있기에 내가 "주무님, 저거 돌려놓지요."

"선생님, 사람들은 대통령하고 악수한 손도 씻지 말라고 하는데 선생님 왜 그래요?"

"저런 것은 몇 년이 안갑니다."

그분 즐거움은 어디에다 천만 원 내고 상 타는 거예요. 저는 그 돈이 아까웠어요. 그 돈을 교당에 내면 좋겠는데. 얼마 전에는 전화를 하니까 제가 시키는 대로 안 한 걸 후회한다고 그래요.

지금도 제가 가만히 앉아서 생각해보면 가슴이 너무 아파서 눈물이 납니다. 부모도 부모이지만 그 아들이 참 인물이 좋았거든요. 청년교도 활동도 참 열심히 하고, 심성도 너무 좋고요.

왕성할 때 다 쓰지 마라

사주나 관상을 보면 관상장이가 '당신은 초년 고생을 해도 중년부터 괜찮을 거요.' 한다든지 '당신은 중년은 괜찮지만 말로가 비참할 것이요.' 라고 한답니다.

그 말은 '중년에 왕성할 때 말로를 준비하라. 당신 말로가 안 좋으니까 지금부터 계획을 세워서 준비를 해라. 그리고 왕성할 때 다 쓰지 마라.' 그 말입니다.

대종사님이 한국 보육원이 있는 양주에 가셨습니다. 팔타원님이 그곳 계곡 가운데에서 발을 씻으니까 대종사께서 팔타원님 보고 "그렇게 가운데서 발을 씻으면 어떻게 하는가. 물을 조금씩 떠서 밖에서 씻어야지." 하셨답니다.

여러분 생각해보세요. 밖에서 씻거나 안에서 씻거나 그 물 내버리면 결국 다 합쳐지는데 왜 그렇게 말씀하셨을까?

지금 물이 철철 넘칠 때는 은혜 속에서 사는 때입니다.

3년 전엔가 전국이 가물었을 때, 경상북도는 저수지가 마르고 난리가 났습니다. 사과도 다 말라비틀어지고 소가 먹을 물도 없고 할 때, 서울의 한강물은 철렁철렁 했어요. 그때, 한강물만 쳐다보면 다행이지요? 그렇게 은혜가 있을 때, 자기가 은혜를 받을 때 거기에서 반드시 해(害)가 나옵니다. 우주의 진리가 그렇게 생겼습니다. 그러니까 그 은혜로울 때 해가 나올 것을 미리 염두에 두고 준비하라 그 말입니다.

인과를 깨닫는 것은 다른 게 아닙니다. 주는 것이 받는 것이고, 받는 것이 주는 것임을 알고, 죽는 것이 다시 태어나는 것이고 태어나면 다시 죽는 것을 아는 것입니다.

오래 전에 영광 군남에 있을 때, 회장님이 교도들보고 교당을 짓는 데 각자 자기가 낼 쌀을 적으라니까 한 가마니씩 다 적었어요. 그런데, 집을 다 지었는데도 쌀 70가마니가 안 들어와요.

내가 왜 적어놓고 안내냐고 하니까, "설마 여자가 집 지을까 싶었지만, 젊은 사람이 와서 앵앵 하니까 적었지라우." 그래요.

"그런 법이 어디 있어요?"

회장님이 그때도 집 짓는 공사비 반을 냈습니다. 그러면서 내가 잘살 때 왜 신심이 안 났을까 그래요. 그 분이 정미소를 했거든요.

"내가 그깟 쌀 한 300가마니 400가마니 잘살 때 냈으면, 교도들에게 한푼 두푼 내라고 사정할게 뭐 있어요. 혼자 해버리지." 그 말을 여러 번 하더라고요.

70가마니가 가을이 되니까 이자가 불어서 100가마니가 됐는데, 요인들 모아놓고 그것을 해결하려니 아무도 움쩍 안 해요. 그러니까 지부장이 그럼 우리 계를 해서 마련하자고 했어요. 그것도 중간에 안 내는 사람이 있었어요. 결국 지부장이 다 냈습니다.

어쩌다 부인이 바가지를 긁으면 "이 사람아, 우리 아들 하나 뿐이잖아. 아들 둘인 폭 잡자. 아들 하나 더 낳았으면 이까짓 쌀 500가마가 문제야. 더 들어가지." 그렇게 부인을 가르치더라고요.

자기가 은혜로울 때 후에 없어질 것을 생각을 해야 됩니다. 해(害)가 따라올 것을 생각해야 돼요. 그게 무엇과 같은 줄 알아요?

우리가 빨래를 해서 내일 입고 나가야 되는데 해가 질 때 빨면 어떻게 되겠어요. 아침부터 빨아서 말려야 내일 입고 나가지. 그처럼 해질 무렵에 빨래를 널어 봐야 안 마르는 것과 같습니다.

해에서 은혜가 나옵니다

내가 가진 게 없어도 복 짓는 사람이 있습니다.

신바람 강의를 하는 황수관 박사가 철학을 알더라고요. 그분이 초등학교 선생님을 하면서 6남매와 자기 동생들을 다 가르쳤답니다. 그러다가 내가 이래가지고는 안 되겠다 작정하고 전셋집에 살며 공부해서 의과대학에 들어갔어요. 의대를 8년 동안 다녔답니다. 의학공부를 얼마나 어렵게 했던지 자기는 학생들한테 아주 쉽게 가르친답니다.

의과대학을 졸업하고 나니까 전셋집이 사글세가 되고, 나중에 교수가 되어 12평 짜리 아파트에 들어가면서 춤을 췄대요. 그러느라고 애들을 무슨 학원을 보내고 과외공부를 시켰나요. 내버려둬도 스스로 공부 잘해서 다 일류대학을 나왔어요.

그런데, 세브란스 병원을 다시 지으려는데 2천억 원이 든다고 하더랍니다. 대학 총장님이 어떻게 골치 아파하던지 자기가 12평짜리 아파트에 사는데 2억 원을 내겠다고 적었답니다. 부인이 "세상에 당신 해도 너무하네요. 5천만 원도 없는데 2억 원이 다 뭐요?" 하자, 황 박사가 말하기를 "우리 사글세 살 때같이 돌아가자."고 그랬답니다. 그런 처사를 할 사람이 어디 있겠어요.

아들들이 "아버지, 2억 원 적었으면 밀고 나가세요. 우리 그것 없을 때는 사글세방에서 안 살았소?" 그러더랍니다. 그래서 그 사람이 2억 원을 벌어내려고 병원에서 뭐도 맡고, 여기 저기 강의하러 돌아다녔답니다. 신바람에도 출연하고 그래서 2억 원을 갖고 총장을 찾아갔더니 감격해서 울더래요.

자기가 다 만족해놓고 남을 어떻게 도울 수 있습니까? 우리가 그것을 못하는 이유는 은혜 속에서 해를 발견하지 못했기 때문에 그렇습니다.

여러분들 우리나라가 IMF 관리체제에 들어가게 되니 고통에 빠진 사람이 많지요. 은행에서 구조 조정하는데 실업자가 8천 명이랍니다. 은행 지점장 부인한테 물어봤더니 집에 들어 올 리가 없답니다. 신의를 지켜야 되니까 데모하는데 가서 끝까지 다 같이 있어야 된답니다. 이게 해(害)의 상황입니다.

그러나, 그 해 속에서 식구들이 자각이 생겨요. 아들들도 다니던 학원에 발 끊고 공부 열심히 해서 자각만 생기면 거기에서 또 은혜가 나옵니다. 이 이치가 모든 것에 다 해당이 돼요.

원자력이 사람한테 얼마나 유익을 줍니까. 공해 없는 전기도 쓰고, 암도 치료하지요. 원자력으로 안 되는 게 없죠. 그러나 핵폐기물이라는 게 있답니다. 노란 깡통 속에 넣어두었는데, 그것을 버릴 데가 없어요. 그것 때문에 세계적으로 골치가 아픈 것입니다. 이것은 은혜 속에서 해가 나온 것입니다. 좋은 게 있으면 그 뒤에는 반드시 나쁜 게 옵니다.

그러니까 세상은 화복(禍福)으로 만들었답니다. 그런데 앞으로 돌아오는 세상에는 복화가 된답니다. 복이 먼저고 화가 뒤에 와야 하는데, 우리 한국 사람들은 겸손해 가지고 화를 지내고 나면 반드시 복이 온다고 생각해요.

음양(陰陽) 아닙니까. 양이 먼저인데 음이 먼저잖아요. 그런데 화가 다가오면 반드시 그 뒤는 복이 옵니다. 그러니 희망을 갖고 살라는 것입니다. 화복은 형제간이랍니다.

병원의 응급실에 근무하는 의사들 참 불쌍하대요. 앰뷸런스 소리가 나면 가슴이 퉁 내려앉는답니다. 나하고 아무 관계도 없는 환자가 와서 나를 얼마나 애를 먹일 것인가 싶어서요. 제일 어려운 것이 교통사고 환자랍니다. 응급실에 한번 가보니까, 그런 아수라장이 없어요.

이러한 경계 속에 있는 사람을 보면 제발 죽을 때 곱게 죽었으면 하는 소원을 세우겠지요.

지금 국가경제가 부도위기에 와서 IMF 관리체제에 들어갔는데, 국민들이 불안하답니다. 직장이 있는 남편도 불안하고 없는 남편도 불안하다는데 그 불안이 어디에서 올까요. 욕심에서 온 것입니다.

오래 전에 숭산 법사님이 말씀하시기를 '나물 먹고 물 마시고 팔을 베고 누웠으니 대장부 살림살이 이만하면 넉넉하다.'고 한 소리는 가난한 사람들 위안 주려고 한 소리래요. 그 양반은 돈은 도하고 사촌간이다 그랬으니까요. 상황이 이런데 나

물 먹고 물 마시고 팔을 베고 누워있을 거예요? 나가서 움직여야지. 그렇게 누워있으면 여자들이 복통 터져서 보따리 싸고 나갈 일이지요. 요즈음 보니 회사 사장하던 사람이 수위를 하더라고요.

'나의 가족 나의 사랑' 인가를 보니 어머니가 청소부인데, 그 회사에 다니는데 딸이 자기 어머니 안쳐다보려고 피해 다니더라니까요.

한국이 이만큼 큰 것도 우리를 괴롭힌 일본 사람 덕택이 조금은 있습니다. 일본 사람 이겨먹으려고 여기까지 따라왔잖아요. 그러니까 나를 애먹이고 괴롭히는 것을 경계로 생각하면 상대 못할 경계인데 이게 없으면 우리가 자각이 안 생깁니다. 마음도 안 챙기고요. 여하튼 역경 속에서 도가 익어 가는 것이지 순경 속에서는 절대로 안돼요. 부처님도 그랬어요.

기한(飢寒)에 발도심(發道心)입니다

기한(飢寒)에 발도심(發道心)입니다. 춥고 배고픈 때는 수도하고자 하는 마음이 발동하지만, 순경에는 전생 습관이 없으면 절대로 수도 안 합니다.

교단 초창기에 상산 박장식 법사님이 오셨을 때 이야기 아세요. 그 어른이 만석꾼 집안에다 서울대학 법대를 나왔어요. 그런데, 전무출신 하러 와 가지고 죽도 못 먹을 때 소죽 끓인다고 불 때고 그랬잖아요. 사회에서 명예도 있고 재산도 있고 하는 분이 이런 도를 닦는다고 오면 전생에 큰 보살입니다. 보살 아니고는 수도하려고 생각을 안 합니다.

'내가 이렇게 팔자가 좋은데 뭐 때문에 원불교 교당에 가서 그 잔소리 다 듣고 골치 아픈 짓을 할거야. 에어컨 틀어놓고 맛있는 수박이나 먹지.'

그렇게 하면 절대로 신심이 안나요. 잘 살면서 환경이 좋은 사람이 그 도를 닦아야 되고 복을 지어야 되겠다는 생각이 나는 것은 이것은 전생 일이지, 금생에서 만들어진 일은 아닙니다.

대종사님께서 박창기 선생님이나 그런 사람들 보고도 이것은 전생 일이지 금생 일은 아니라고 그러셨어요. 창기 선생님도 만석꾼의 아들 아닙니까. 그런데 당신은 고무신 신고 자취를 하면서 살았어요. 당신이 하숙할 돈으로 자취를 하니까 8명을 가르쳐요. 우리 원로 선생님들 중에 그때 대학 나온 사람들은 다 박창기 선생님이 가르쳤습니다. 그 중에서 이공주 선생님이 자랑스럽게 생각하는 사람이 전팔근 선생입니다.

그것도 창기 선생님이 학교를 한 군데로 다 넣어놓으면 우리 식구끼리만 어울려 다닌다고 각각 다른 학교에 넣었습니다. 남을 사귀어서 우리 식구를 만들라고 하신 거예요. 그분이 은혜에서 해가 나올 것을 미리 알고 하신 거예요. 그 어른이 한국전쟁 때 돌아가셨으니까 그렇게 안 했으면 어쩔 뻔했습니까? 그것도 황정신행 선생님 아들 강필국이 이리로 가자니까 안 가려고 해요. 결국, 창기 선생님이 팔타원 님 외아들을 보호하려고 지금 한국보육원이 있는 양주 별장까지 따라갔죠. 거기에 인민군들이 와서 가방을 뒤져보니까 미국 깡통이 나왔대요. 그래서 두 사람이 변을 당한 것입니다.

그때 전팔근 선생을 서울대학 영문과에 넣으면서 '하나라도 영어를 할 줄 알아야 됩니다. 그래야 외국 사람이 우리 원불교 찾아오면 통역을 할 것 아닙니까.' 그러셨답니다.

박창기 선생님이 그렇게 미래를 바라보고 돈이 있으니까 무엇을 안 했겠어요. 대종사님 사진을 박창기 선생님이 많이 찍었어요. 돌아가신 열반상도 박창기 선생님이 찍었거든요. 그때 사람들이 미쳤다고 했답니다.

자기가 환경이 좋고 돈이 있을 때 그런 역할을 다 했어요. 이게 은혜 속에서 자기가 할 일을 다한 것입니다.

이제 은혜 속에서 해가 나오고 해 속에서 은혜가 나오는 진리를 알았으니까 우리 어리석은 중생은 이 일원상 진리를 체받아서 진급이 되고 은혜는 입을지언정 강급은 되고 해독은 입지 말아야 합니다.

공중사의 공덕

여러분들께서 아침에 신문을 보고 놀랐을 겁니다. 태고종 종정으로 있는 충담 스님이 가평에 있는 절에서 장작을 쌓아놓고, 부처님한테 소신공양한다고 타 죽었어요.

중국에서도 소신공양한다고 자기 몸을 그렇게 열반한 스님이 있습니다. 자기가 열반에 들 때, 장작 쌓아놓고 그 위에 올라가서 하는 것을 화중삼매(火中三昧)라고 합니다.

오늘 신문에서 보니까 나옹대사 말은 정사가 아닌 것 같아요. 중국에나 그런 일이 있었지 한국엔 없었다고 하는 거 보니까.

나옹대사도 장작을 쌓아놓고 스스로 열반에 들었답니다.

그래서 저희끼리 앉아 가지고 하는 말이 있었어요.

세상에서는 늙은이가 아무 쓸데없다고 하지만, 늙을수록 가치 있는 게 중이라고 합니다. 그래서인지 부교무들이 말하기를 법력이 화중삼매에 들어갈 정도로 높으면 후배들을 가르쳐야지 그렇게 가냐고 그러더라고요.

서울교구교의회 의장 최준명 씨 아시죠? 그 분 아버지가 대종사님 당시에 심부름을 할 정도였어요. 제가 한번은 길룡리 가서 1주일간 강습을 하는데 그 분이 저보고 대종사님같이 법설을 한다고 그래요. 달리 한 말이 아니라, 시골 사람들이 다 알아들을 수 있게 어려운 말을 안 해서 그런답니다. 그 뒤에 길룡리 노인 셋이서 어떻게 저를 좋아하는지 말도 못했습니다. 그때 최준명 선생 아버지에게서 대종사님 수도 당시 얘기를 많이 들었지요. 그 분 이름이 최복경 씨입니다. 당신은 서울 가서 복을 받을 것이다(福京) 그 말입니다.

여러분, 길룡리 가봤지만 얼마나 산골입니까? 그러니 최준명 씨는 거기서 학교를 다닐 수가 없어요. 그러니까 어렵게 대학까지 나왔습니다. 그리고 서울에서 모든 교구 행사가 있으면,

그 분이 빠지지 않고 돈을 냅니다. 12월이 되면 교무들이 다 모여서 회의를 하는데, 그 때도 그 분이 다 식비를 내고 있습니다. 그것뿐이 아닙니다. 자기 어머니, 아버지를 위해서 화정 교당을 지어서 희사하셨습니다.

며칠 전에는 원불교 공무원 교도를 모아서 저녁에 회의를 한다는데 저하고 방배동 교무, 신촌 교무 셋을 초대해서 상공회의소라는 데를 갔습니다.

원불교 공무원 교도들이 한 50명 정도 되는데 반도 안 왔다고 합니다. 청와대 비서관 출신부터 9급 공무원까지 차별 없이 한 자리에 모였어요. 그래서 그게 처음으로 시작이 되어서 뭐 회장도 뽑고 부회장도 뽑고 그래요. 김성진 씨란 사람이 청와대에 있는데, 그 사람이 해야 된다 하더니, 그날 참석을 안 해서 그 밑에 있는 사람이 했습니다. 그런데 공무원 사회에서는 부회장이 직급이 낮은 사람은 절대로 안 된다고 하네요. 그때, 최준명 씨가 내가 교의회 의장인데 장관이 부회장이랍니다. 조정제 씨(해양수산부장관)가 부회장입니다. 공무원 사회에서는 허락이 안될지 몰라도 원불교 사회에서는 가능하다고 그래요.

그러면서 얘기하기를 "나는 공무원도 아니지만, 여러분들하고 함께 하고 싶어 나왔습니다. 이런 일이 종종 있었으면 좋겠습니다." 그래요.

제가 그 회장을 볼 때 키는 조그마한데 그런 산골에서 태어나서 이 원불교 법을 만나 가지고, 서울에서 어른 노릇을 하고 있어요.

여러분, 부처님한테 자기 육신도 불에다 태워 가지고 공양을 하는 사람이 있는가 하면 그렇게 어렵게 공부를 해 가지고, 조금 돈을 버니까 그때부터 시작해서 원불교 사업을 계속해서 부부도 대호법에 올라가고, 부모님까지 대호법에 올려놓는 사람도 있습니다. 파리교당도 그 분이 해 주셨다고 합니다. 여러분, 사업을 해봤지만, 그 분이라고 해서 금은보화가 쑥쑥 땅에서 솟아나진 않을 겁니다. 번대로 공중사에 투자를 합니다.

지금 중산층이 무너진다고 그럽니다.

이 이야기를 왜 하느냐면 은생어해 해생어은 이야기를 하려고 하는 것입니다.

우주의 진리 뿐 아니라, 개인이 살아나가는데도 은생어해 혜생어은 이것을 여러분들이 명심해야 됩니다.

지금 우주의 진리는 은혜지요. 오뉴월 염천은 은혜입니다. 이 지상에 있는 모든 생물이 이 때 다 큰다고 합니다. 우리 육신도 마찬가지입니다. 세상에서는 여름에 약 먹으면 땀으로 다 흘려 보내서 차도가 없다고 하는데, 여름에 병을 안 고치면 못 고친답니다. 어떤 침쟁이 집에 갔더니 불을 펄펄 때 가지고 땀을 뻘뻘 흘리는데, 침을 다 꽂고, 쭉 누웠어요. 왜 이러냐고 하니까 더워야 혈액순환이 된답니다. 혈액순환이 되어서 막힌 데가 터지니까 그렇답니다. 그래서 모진 병은 여름에 고쳐야 된답니다. 혈액순환이 되는데 그것은 우주의 기운이 돌아가는 판이라고요.

그런데, 이 우주 만물 전체가 은혜를 입는데 해가 어디서 나옵니까. 이 은혜에서 나오죠.

중산층이 무너진다는 소리가 뭡니까. 회사에서 부장, 과장 등 윗사람들이 죽을 판이죠. 밑에서 일하는 사람들이야 덜 하지요. 부장, 과장 그런 사람들이 요새 정신이 돈다고 한답니다. 우리같이 원래 가난한 사람은 이럴 것도 저럴 것도 없잖아요.

그래서 중산층이 무너진다. 이것은 형편이 좋을 때 좋지 않아질 수도 있을 때를 대비해서 저축도 하고 해야 하는데 그렇지를 못해서 그럽니다. 무슨 불행이 나한테 올지 모르니 있을 때 아끼고 준비하라는 겁니다.

제가 ○○ 교당에 있을 때 부회장만 지내다가 돌아가신 분이 있습니다.

그 분은 부인이 아기를 임신하면 일기를 쓰기 시작했어요. 그래서 그 아이가 결혼하면 주는 거예요. 그 속에 20년 전에 쌀 가격까지 다 써 놓았습니다. 담배도 그냥 끊는 것이 아닙니다. 하루에 담배를 천 원 어치 안 피웠다면 날마다 천 원을 적금을 넣어야 합니다. 담배 끊어서 적금한 돈으로 논을 사서 담배 배미 9마지기, 이발비 줄여서 산 논을 가새 배미(가위 배미)라고 그래요. 그냥 넘어가는 일이 없습니다. 다른 사람에게 신세 지는 일은 하나도 하지 않았습니다. 돌아가시면서 유언을 남기기를 "나 죽었다고 부고 내지 마라."고 했습니다. 당신이 남의 집에 조의금 내고 다닌 일이 없으시니까. 다행히 당신 딸이 전무출신을 했기 때문에 총부 식구가 많이 와서 장례식은 거룩하게 했습니다.

부산 어떤 교당에서 교당을 신축하고 교도들이 정신을 결속하기 위해서 선조들부터 천도재를 지내자고 했습니다. 한 70명의 천도재가 들어왔습니다. 그런데 저한테 전화가 왔어요. 교무가 잠들면 피를 철철 흘리는 귀신, 다리 부러진 귀신들이 나온답니다.

영가들 세계 상상이나 해요? 대종사님께서 사십 살 되면 보따리 싸라 하셨는데, 영가들 세계는 여러분들이 아파트 50평, 60평 사는 그런 세계가 아닙니다. 자기가 평생 마음속으로 심어 놓은 그 마음씨 그것이 돌아다니는 겁니다. 그러면 여러분들 잠수함 속에서 죽은 사람은 어떤 귀신으로 나타나겠습니까?

조선조 때, 사육신들 사지를 찢겨 죽었습니다. 그런데 그 분들 마음속에는 뭐가 들었어요. "나는 일편단심 충신입니다." 그랬어요. 그렇게 집착하니 극락 가겠습니까? 절대로 극락 못 갑니다.

견성을 하는데 선도 생각하지 말아야 됩니다. 그 자리는 선도 없는 자리입니다. 성가 '무상의 노래' 가사에 눈에 티끌이 하나 들어가면 허공 꽃이 요란하게 떨어진다고 했잖아요. 사업을 많이 해 놓고 내가 사업을 했네 하며 그것에 집착이 되면 좋은 데로 못 갑니다.

사육신이 내 목숨 다 찢어가도 '나는 충신이다.' 이 고집 때문에 어디를 가겠습니까? 고집은 불통인데 되겠어요?

그래서 파고다공원에다 대원사라는 큰절을 세워놓고, 김시습에게 천도법문을 하라고 했습니다. 수양대군이 그 죽은 사람 수백 명을 전부 천도재를 지내는데 그 시자가 "스님, 사육신들은 어떻게 됐습니까?" 여쭸습니다.

"노산군은 오늘 천도가 됐다. 그런데, 사육신은 안 된다." 노산군은 단종입니다.

그 분이 그렇게 말했습니다.

방심하지 말아야 할 때

항상 은혜 속에 살 때, 우리가 방심하지 말고 준비해야 합니다. 지혜 있는 농부는 봄에 겨울 준비를 합니다. 아무리 굶어 죽게 생겼어도 씨앗은 안 까먹는다고 합니다. 이것을 명심해야 됩니다. 내생을 준비하는 사람은 농부들이 씨앗을 절대 안 까먹듯 해야 합니다. 절대로 내생을 생각하는 사람은 신심을 저버리면 안 됩니다.

제가 날마다 심고 드리는데 뭐라고 하겠습니까.

'오늘 법회에 모인 교도님들 환희용약하고 기쁨이 넘치는 마음이 돼서 신심, 공심, 공부심이 철두철미 일어나서 진급은 될지언정 강급 되는 교도가 없게 해 주십시오.'

그게 저의 소원입니다. 제가 뭐 어떻게 돼 달라고 해 본적이 없습니다.

제가 몇 년 전에 '대상포진' 이란 병을 앓았습니다. 그것이 일주일 내로 치료 못하고 한 달이 넘어가면 그 균이 매일 신경을 타고 다닌답니다. 그래서, 늙어죽도록 아프답니다. 제가 그걸 가 보다 하고 속으로 스스로 진찰을 하고는 의사한테 물어보니 의사는 아무 것도 모르는 겁니다. 대상포진이 등 뒤에 팥 그릇을 부어 놓은 것 같이 생겼어요.

이 육신은 그냥 그렇게 생긴 거예요. 그래서 우리가 육신이 건강할 때 남을 위해서 봉사 좀 해야 해요.

남자들 가만히 앉아 가지고 '담배 가져 와라. 신문 가져 와라.' 하며 부인을 부려 먹으며 살다가 내생에 거꾸로 되면 어떻게 되겠습니까?

내가 남자로 태어나서 힘이 더 있을 때 좀 봐주자 그것입니다. 좋은 자리에 있을 때 좀 봐 줘야지 그렇지 않으면 나중에 도로 다 갚아야 할 일입니다. 못난 남자가 집에서 큰 소리 친답니다. 애들도 집에서 휘어잡지만 말고 나가서 힘쓰게 키워야 합니다.

심신을 원만하게 수호하는 공부

온전한 생각을 지켜야 합니다

심신을 원만하게 수호하는 공부가 있습니다.

정신수양에도 '두렷하고 고요한 마음'을 길러라 해서 정신만 표준을 잡은 것 같고, 일상수행의 요법에도 '심지는 원래' 그러니까 그것도 정신만 마음만 표준을 잡은 것 같은데, 일원상 서원문에는 '심신을' 해서 '신(身)'까지 들어갔지요?

서울대 박종홍 교수가 총부에 와서 대각전에 들어가는데 정신수양 사리연구 이것은 어떻게 알겠는데, 작업취사는 처음 보는 문구이더랍니다.

대산 종법사님께서 "옛날에 지나간 종교들도 진리는 같은데 그때는 그렇게 밖에 할 수가 없었다. 목수도 마찬가지다. 그때는 초가집이나 기와집밖에 못 지었지 않나. 그러나 요새는 63

빌딩 같은 것도 지을 수 있으니까 그때 성자들이 요즘 세상에 태어났으면 우리 교리같이 이렇게 짰을 거다." 하신 것입니다.

인도에 여행 가보세요. 너무 가난해서 원두막같이 생긴 집 하나 지어놓고 그 밑에서 살림살이라고는 죽 끓여 놓은 솥 작은 것 하나 있고 숟가락도 없어요. 전부 손으로 먹는데, 접시도 없고 상도 없어요.

그때, 우리가 돌아다니면서 대종사님께서 영육쌍전 이사병행을 내놓은 이유를 알겠다고 그랬습니다. 부처님께서 당신이 전생에 수양만 해 가지고 인도를 이렇게 가난하게 만들어 놓았으니 다시 법을 짤 때는 육신도 정신과 똑같이 하라고 했을 것 아니냐 그 말입니다.

그래서 마음만 원만하게 수호하라 하지 않고 심신을 원만하게 수호하라고 했습니다. 수호하라는 말은 물들지도 않고 끌려가지도 않고 온전한 생각 그것을 지키라는 것입니다.

대종사님께서 성성이 얘기하셨죠. 성성이라는 짐승은 술만 먹으면 취한답니다. 성성이를 잡으려면 땅에다 독을 묻어놓고 술을 가득 채워놓으면 이놈들이 와서 '나 잡으려고 해놓았네.' 하고 안 먹는데 결국 조금씩 먹다가 마침내 그 술 다 먹고 쓰러져 있으면 사람들이 가서 잡아오는 거예요.

대종사님께서 제자들에게 "너희들 보니까 전부 신심이 있고 공심이 있고 삼대력를 갖춘 것 같아 보인다. 그런데, 개가 점잖게 앉아 있다 명태 대가리 하나 던져주면 제 새끼도 옆에 못

오게 한다. 너희들도 신심 있고 공심 있고 청정한 것 같지만 경계를 하나 던져줘 봐라. 어떻게 되나." 그러셨답니다.

우리가 경계를 안 당했을 때는 다 도인이지요.

옛날에 중국에 종남산이라는 산이 있는데 섣달 그믐쯤 되면 임금님이 왕비하고 영의정하고 간답니다. 그런데, 종남산은 참말을 해야 울지 거짓말하면 절대로 안 운답니다.

왕이 영의정에게 먼저 말하라고 했어요.

영의정이 하는 말이 "임금님 앞에 저는 일인지하에 만인지상이요. 제 위에는 어른이 하나밖에 없어요. 그렇지만 간간이 가다가 용상(임금님 자리)이 탐이 나서 쳐다보입니다." 그러니까 종남산이 울렸어요. 산이 울어요.

다음에는 왕비더러 말해 보라고 했어요.

왕비가 자기는 황제부인이니 세상에 아무 것도 부러울 것이 없습니다. 그렇지만 만조백관이 쭉 와서 조회한다고 서있는데, 그 중에 미남자가 있으면 저 남자하고 살았으면 좋겠다 하는 생각이 난대요. 그래서 산이 울었어요.

임금님은 뭐라고 했겠어요. 임금님은 이 국토가 전부 내 땅이고 이 나라에 있는 돈도 전부 자기 것이고, 이 나라에 있는 미인도 전부 내가 요구만 하면 다 내 것이 돼. 그렇지만 뭐라도 갖다 주는 신하가 좋더라 했답니다. 그렇게 종남산을 세 번 울려서 그 해 정치를 했답니다.

심신을 원만하게 수호하기가 그렇게 어렵습니다.

참으로 가치 있는 것

도대체 물질이란 것은 무엇에 써야 가치가 있는 것인가요.

물난리가 났는데 제일 귀한 것이 먹을 물입니다. 일을 힘들게 하다 목이 타서 물 한 그릇 얻어먹어야 되는데 물이 없다면 어떡할 겁니까? 우리가 물 한 그릇 먹는 게 얼마나 행복한지도 모르고 함부로 합니다.

어느 임금님이 금을 굉장히 좋아했습니다. 신이 나타나서 "당신 금이 이 우주에 가득 차게 해줄까?" 하니까 그렇게 하라고 했어요. 그런데, 쳐다보니까 자기 마누라도 금이 되어버리고 자기 딸도 금이 되어버리고 물도 먹으려니까 금이 되어버리고 밥도 먹으려니까 금이 되어버려. 그러니 살겠어요? 그것을 어디에다 써먹겠어요.

그래서 '심신을 원만하게 수호하는 공부' 이것은 물들지 않게 하는 것입니다.

정명도 정이천이 중국의 철인입니다. 정명도가 유지들과 함께 모여서 기생들을 데리고 노는데 정명도가 무릎에 기생을 앉혀 놓고 놀아요. 동생이 쳐다보고 있자니 가관이거든요. '우리 형님이 왜 저러지? 사람들 보면 어쩌려고.'

한 일주일 있다가 형님 서재에 찾아와서 "형님, 도대체 세상에 도덕군자라고 소문이 났는데 그 하는 짓이 뭐요."

"뭘 말인가?"

"기생을 무릎에 앉혀놓고 다독거리고 그게 뭐 하는 짓이요?"

"내가 그랬나? 나는 그날도 내 마음에 기생이 없었는데 자네는 오늘까지 기생을 데리고 다니는가?"

수호한다는 게 무엇인지 아시겠어요?

'연잎에 비 내리니 구슬만 둥글더라.' 라는 성가 가사 있지요. 연잎 위에는 비가 자꾸 내려도 구슬같이 둥글둥글 떨어져 버리지, 그 이파리에는 물이 안 들어갑니다.

'심신을 원만하게 수호하자.' 이것은 그렇게 비가 쏟아져도 연잎에 물이 하나도 안 묻듯 나를 어떤 경계에 갖다 놓아도 물들지 않게 정신 수양을 잘 하라는 말입니다.

고려말, 정포은이 이성계가 새 나라를 세우며 들어오라고 아무리 꼬드겨도 안 들어요. 목숨을 내놓고 말지 안 한다고 했지요. 그게 수호하는 것입니다. 내가 물들지 않고 섞이지도 않고.

그런데 황희 정승은 어떻게 했습니까? 황희 정승은 나도 죽어버리면 어떻게 되겠나. 나라는 누가 지키고, 백성은 누가 보호하나. 남들이 나보고 절개 없다고 해도 괜찮다. 나는 백성을 위해서 들어가야 되겠다 하고 들어갔지요. 이것은 보살행입니다.

정포은 선생 같은 사람은 경계에 완전히 들어가면 안되게 생겼으니까, 피경(避境) 공부를 한 사람이고, 황희 정승 같은 사람은 경계 속에 들어가서 대의를 위해서 자기가 몸을 바친 것입니다.

우리들이 일상생활을 해 나가는데 과보를 받을까 겁이 나서 아무 짓도 못하면 이것은 소인입니다.

보살은 내가 과보 받을 폭 잡고 대의를 위해서 처리하는 거예요. 그것도 사사스럽게 넘어가는 게 아니라 원만하게 처리를 하지요.

어느 스님이 배를 타고 가는데 배가 풍랑을 만나서 전복되게 생겼으니까, 사람들이 난리를 칠 것 아닙니까. 그런데, 스님이 눈 딱 감고 좌선하고 앉아 있어요.

"스님, 뭐하세요?"

"선하고 있소."

"이렇게 풍랑 일어나는 것 안 보여요?"

"알아요. 우리가 풍랑 만나서 죽으나 집에서 이불 깔고 누워서 죽으나 한번은 죽을 것 아니오. 내가 발광을 해서 살 수만 있으면 열두 번이라도 하지만 그렇게 일이 안 되니 큰일이지요."

그 때는 그게 수호하는 방법입니다.

진묵대사가 술을 굉장히 좋아했답니다. 전주 장날 술집 앞에 그것도 지글지글 고기를 굽고 냄새나는 그 술집 앞에 가만히 앉아 있으면서 '내가 저 안주하고 술이 먹고 싶구나.' 하면 장을 잘못 봤다는 거예요. 그러나 하루 종일 앉아서 마음이 한 번도 술이 먹고 싶다 하는 생각이 안 날 때는 오늘 내가 장보기를 잘했다고 하셨답니다. 진묵대사 전주 장날 장보기 하러 가는 일이 그 일입니다.

자기가 좋아하는 경계에다 나를 놓아 봐요. 흔들리는가 물드는가. 여자를 좋아하는 사람은 미인 속에, 돈을 좋아하는 사람은 돈 속에다 갖다 놓아 보라 그 말입니다.

그래서 원불교 다니면서 수양을 하자는 것입니다.

국가 경제에 위기가 닥칠수록 원불교 공부를 더 잘해야 합니다. 분수에 안정을 해야 합니다. 종교생활이나 신앙이라는 것은 분수에 안정하라는 것 아닙니까?

주산 법사님께서 좌선을 하고 있는데 큰 지네가 몸에 쑥 들어갔어요. 움직이면 물리지요. 그래서 개의치 않고 가만히 앉아있자, 지네가 더 이상 못 올라가겠으니까 그냥 내려갔어요.

그렇게 우리가 마음을 단련하자고 수양하고 기도하고 좌선하고 이 공부하고 그런 것입니다.

사리를 원만하게 아는 공부

참과 거짓을 구분할 줄 알아야 합니다

'추적 60분' 이란 TV방송 프로그램에서 방영하는 '사이비 종교' 들의 행태에 대해서 봤지요.

그것을 보면, 세상 사람들 중에 아직도 이것이 '참' 이다 이것이 '거짓' 이다 구분을 못하는 사람이 제법 많습니다. 그것은 그만큼 지혜가 없어서 그럽니다.

사리를 원만하게 아는 공부에 대해서 말하겠습니다.

일원상 서원문에 눈으로 안 보이는 쪽으로 보면 이렇게 상주불멸(常住不滅)로 여여자연(如如自然)하지만, 현실로 나타난 것으로 보면 인생의 생로병사(生老病死)와 우주의 성주괴공(成住壞空)과 사생의 심신 작용을 따라 육도(六途)로 변화합니다.

그런데, 그것을 벗어나려고 하면 어떻게 할 것입니까? 심신을 원만하게 수호하는 공부, 사리를 원만하게 아는 공부, 심신을 원만하게 사용하는 공부를 지성으로 해야지요.

지성으로 안 하면 아무런 소용이 없습니다. 실천이 있어야 합니다.

그래서 사서를 보면 말을 청산유수처럼 하지 말고 어눌하게 하라고 했습니다. 그런 사람이 실천을 잘 합니다.

지난 3일, 부천교당에 귀신들린 사람 재를 지내러 가지 않았습니까. 그 집이 8남매인데, 엄마가 원불교를 믿다가 남묘호랑교로 갔어요.

그 부인이 죽으면서 자기 남편에게는 원불교에 나가라고 하고, 나 죽으면 원불교 식으로 초상 치러 달라면서 자기가 모은 돈 70만원인가 80만원인가 주더랍니다. 결국 원불교로 돌아오긴 했어요.

그런데, 왜 이런 난리가 났느냐고 물으니까 가족들이 울지도 못하고 벌벌 떨어요. 그래서 그 연유를 물으니 전주에 산다는 딸이 "울면 엄마가 올까 봐서요." 하면서 자초지종을 이야기했습니다.

그분이 영광에서 성남으로 이사와 원불교에 가고 싶어서 돌아다녔는데, 원불교는 없고 마침 옆집에 남묘호랑교 다니는 사람이 "그렇게 종교가 갖고 싶으면 우리 종교로 오라!"고 해서 따라간 게 30년을 믿었답니다. 그런데, 정작 믿어보니까 헛것이여. 그래서 죽을 때가 되어서야 원불교로 왔어요. 췌장암에 걸렸는데, 아파서 2년 동안 식구들을 괴롭혔답니다. 자녀들은 어머니 죽고 나니까 살겠다는 거요.

제가 영감한테 "부인 가고 나니까 어때요?" 하고 물으니 그렇게라도 3년만 더 살아 줬으면 하데요. 이제 방에 들어가면 텅 비었답니다. 그전에는 비록 환자이지만, 어디 나갔다 들어오면 "여보, 어째요 어째요." 하고 이야기할 사람이라도 있었는데, 이젠 없다고 그런 겁니다. 영감이 2년 동안 밥을 해 먹였답니다.

그래서 어떻게 이런 사건이 일어났냐고 하니까. 중앙병원에서 장례를 모셨답니다. 그런데, 조문객 속에 알지도 못하는 동네 점쟁이가 들어와서 "지금 당장 굿을 안 하면 사람 셋이 죽을 거다." 하고 갔답니다. 그런데, 발인식을 하고 나서 사람이 다 나가는데 막내딸이 큰딸을 붙잡고 절대 못 간다고 그랬대요. 자빠져서 자기 엄마 흉내를 내면서 말이에요. 남편도 그것을 딸로 취급 안하고 "여보, 뭣이 어째서 뭘 더 해달라고 하냐고!" 하며 부인 취급을 하고요. 식구 전부 다 엄마 취급을 하는 거예요.

그래도 다행인 게 그 자녀들이 그 일을 겪으며 죽으면 무엇이 있다는 이치를 알았어요. 그렇게 당하고 나니까 전부 다 영혼이 있다는 것을 믿어요. 내생을 믿더란 말입니다. 어머니가 큰 선물을 하고 갔대요.

하옇든 어떻게 간신히 달래서 고향인 포천(영광 군남)에 갔답니다. 그런데, 어디서 또 점쟁이가 하나 왔어요.

여러분 혹시 그런 말 들었어요. 호랑교 믿는 사람은 시체가 안 굳는다고? 그래서 호랑교 믿는 종교인들이 와서 "호랑호랑" 하면 시체가 물렁물렁해진답니다. 그러면 성불했다고 한답니다. 죽은 시체가 성불하면 뭐 할 것입니까.

포천에 가서는 중복 걸렸다고 점쟁이한테 독경을 해달랬다고 한답니다. 식구 전체가 귀신 들린 일에 놀라서 서울에서 굿 제일 잘하는 사람을 불러서 굿을 하는데 팔백만원 들었답니다.

천도재 지내는데 불전에 얼마 올렸느냐고 물어 보니 교당에 백만원 내고, 재 지낼 때마다 식구들이 십만원씩 냈대요. 그래서 내가 "일을 거꾸로 했다. 뭐 때문에 그렇게 해. 원불교에다 팔백만원을 하고 무당에게 백만원을 해야지." 그랬더니, 선생님이 알지도 못하고 그런데요. 그날 행상을 봤으면 천만 원이라도 놓았을 거래요.

여러분들이 종교 선택을 하더라도 진리적인 종교를 믿어야지, 진리적이지 않은 종교는 다 사교입니다. 대종사님께서 사교는 세월이 지나면 세상에서 다 재판을 한다고 했습니다.

남묘호랑교는 일본에서 온 종교인데, 불교의 여러 경전 중 '나무묘법연화경' 이라는 경전 하나를 가지고 그러는 것입니다.

또 이런 일이 있었습니다.

고려대학교에 다니는 학생 중에 귀신 들린 총각이 있었어요. 한번은 송천교당에서 재를 지내는데, 자기 이모가 그 총각을 데려다 앉혀 놓았답니다. 그 총각이 재를 지내고 집에 가서 자기 이모에게 말하기를 "재 지내는 동안 30대 후반하고 40대초반하고 두 분이 올라가지도 못하고 불단에서 개구리 같이 하고 올라가다가 떨어지고 올라가다가 떨어지고 하는 영가가 있다."면서 재주에게 물어보라고 하더랍니다.

그래서 물어 봤더니 재 받는 사람의 아버지가 40대에 죽고, 고모가 30대에 죽었어요. 그 총각이 그 이야기를 듣고 "그 사람들 천도재를 다시 지내려고 하면 아버지 몫, 고모 몫 각각 내야지, 같이 내면 안 되겠다."고 그러더랍니다.

그 말이 맞습니다. 재를 지내려고 하면 저 창문 가에 귀신들이 새까맣게 붙어있습니다. 그런데 이름을 불러야 들어와요. 이름 부르지 않은 귀신은 들어오지 못합니다. 몫을 정해줘야 자기도 들어온다 그 말입니다.

그래서 송천교당 교무가 어떻게 했으면 좋겠냐고 물어요. 내가 그 집 제사 몇 번 지냈냐고 물었더니 세 번 지냈다고 그래요. 네 번째 제사부터 위패를 같이 써서 붙여 놓고 제사를 지내라고 그랬어요.

그랬더니 49재 때 저더러 좀 왔으면 좋겠다고 그래요. 제가 요새 다리가 아파서 못간다고 했어요.

여러분, '정신수양 사리연구 작업취사' 하면 구불교에도 '계 정 혜'가 있다 이렇게 생각하고 있지요. 계 정 혜와 우리 삼학은 다릅니다.

구불교에서는 정(定) 하나만을 위해서 평생 좌선을 하고 앉아 있어요.

계(戒)라고 하면 '살생을 하지 마라, 도둑질을 하지 마라.' 등 계문 지키는 데만 국한이 되어 있지요. 또 혜(慧)라고 하면 견성(見性)이라 하는데, 원불교에는 견성한 사람이 많아요.

이렇게 사리연구다 하면 옛날에는 견성만 하면 되는데 대종사님은 사리연구라고 해 놓았어요. 사리연구란 뭐냐 하면, 세계 정치를 맡겨 놓아도 다 할 수 있어야 됩니다. 무슨 일을 맡겨도 마찬가지입니다. 천지의 대소유무 이치만 꿰어서도 안 됩니다. 인간의 시비이해도 환하게 알아야 합니다. 즉, 천조의 대소유무와 인간의 시비이해를 똑같이 알아야 합니다. 이것이 사리연구입니다.

옛날에 스님들은 견성한다고 속세 인연 다 버리고 산중으로 들어갔잖아요? 그런데, 대종사님은 그것을 고기 잡을 사람이 산으로 가는 것과 같다고 그랬습니다.

어떤 산에서 공부하던 사람이 와 가지고 내가 도인을 보고 왔다고 그랬대요. 어떤 사람인가 하고 물었더니, 노루 사슴이 그 사람 옆에 와서 쭉 둘러앉아 있더랍니다.

지난번에 TV 뉴스에서 보니까. 집에서 포장마차를 하는데 까치가 날아 왔어요. 그 까치에게 멸치를 주니까 같이 먹어요. 술도 컵에다가 따라서 주둥이에 대 주니까 먹고. 그게 도인일까요?

사리연구라 하면 여러분이 생각하는 견성과는 다릅니다. 견성은 자기 성품을 보는 것이지만, 사리연구는 천조의 대소유무를 알고 인간의 시비이해를 통달해야 견성입니다. 이게 우리의 목적입니다. 그래서 내가 우리 식구들 보고도 일을 전혀 안 하는 사람은 사리연구가 안 된다고 그럽니다.

부엌에서 일하는 아주머니들도 늘 해봐야 어제 다르고 오늘 다르고 자꾸 일이 통해야 또 달라지고 하지, 가만히 앉아서 얻어먹기만 하면 못합니다. 맛은 알겠는데 할 수는 없다면 이것은 사리연구가 아닙니다. 그래서 사리연구라 하면 이치도 잘 알지만 일을 잘해야 합니다.

대종사님께서 여자들 속옷 널어놓는 데를 어떻게 알았을 거예요. "야야, 저 뒤에 긴 줄 하나 쳐줘라. 여자들 그것 널게." 그러셨다잖아요.

또 손수건을 빨면 장판 방바닥에다 납작하게 붙여 놓아라. 손수건 언제 다릴 여유도 없을 때 말씀입니다. 양말을 빨면 방에다 널어라. 그러면 아침에 신을 수 있습니다.

또 중생들 일일이 청소하는 것부터 가르쳤어요. 총부에 가면 청소하는데 양쪽에 고랑이 있고 가운데가 길인데 전부 높직하니 그렇게 생겼어. 청소하라면 전부 낮은 데에다 가 쓸어 붙이죠. 대종사님은 그것을 쓸어서 위로 올려요. 그러면 고랑은 터지고 위는 높직하고 그랬어요.

대종사님은 그렇게 일일이 세세곡절 우주 자연을 다 꿰었습니다.

우리들은 본 거 밖에 못하잖아요. 자기가 창조한다는 것이 참 힘드는데 그렇게 다 통했습니다. 그래서 견성이라 하면 도통을 말합니다.

큰길에서 차를 타고 앞좌석을 앉아 보면 아찔아찔할 때가 한두 번이 아니죠. 놀라서 '어어' 하면 기사가 가만히 있으래요. 자기가 다 알아서 한다고. 그 사람은 운전에 도통을 한 거죠. 그런데, 그 한 가지만 알고 있는 겁니다.

인간의 시비이해란, 이 일을 하면 나에게 이가 돌아오거나 해가 돌아오거나 하는데 이것을 시비이해라 합니다.

시(是)를 행하면 이(利)가 돌아오고, 비(非)를 행하면 해(害)가 돌아온다. 이것이 눈앞에서는 이익이 돌아오는 게 환하지요. 그런데 진리적으로 보면 나에게 해가 돌아오는지, 이가 돌아오는지 그걸 모르고 천방지축으로 일을 하고 돌아다녀요.

언제든지 흥한 것은 쇠해지게 마련입니다. 저도 언제 늙어 버렸는지 이렇게 늙어 버렸습니다. 그래서 젊었을 때 늙을 준비를 하는 사람이 있어요. 그것이 흥망성쇠의 진리를 아는 사람입니다.

여러분들이 가족들 제도해서 원불교 다니게 해야 늙어서 살기 좋습니다. '우리 아들은 지금 결혼해서 못해. 우리 며느리는 지금 시집와서 못 와.' 이러면 언제 가르칩니까? 늙기 전에 준비를 해야지요.

흥망성쇠를 알고 생로병사도 알고, 사시순환도 알고, 이것이 유무를 아는 것입니다.

유무의 진리를 알아야 됩니다. 이것을 모르는 사람은 늙어서 아무리 통탄해도 소용이 없어요. 할머니들을 보고 있으면 화가 나요. 자식들 다 줘버리고 자식들한테 대우도 못 받으니 안 그래요.

대종사님께서 주산 법사님을 사위로 봤잖아요. 그런데 주산 법사님이 40살에 돌아가셨어요. 그래도 5남매를 두었어요. 그 사람들이 다 커서 원광대학 총장도 되고 그랬지만요. 그때 사람들이 말하기를 다른 사람들은 다 전무출신 시키는데 대종사님 딸은 시집 보내나 그랬어요. 그런데, 그것은 가도 내 식구 안가도 내 식구, 가나 안가나 원불교 식구 아니에요?

그렇지만 세상 사람은 시집을 가면 남이 되어 버려요.

대종사께서 주산 선생님이 40세 되면 돌아가실 것을 왜 몰랐을까요. 다 알지요.

그래서 주산(主山) 송도성 선생님, 의산(義山) 조갑종 선생님, 혜산(惠山) 전음광 선생님 세분들 자격이 똑 같았는데, 대종사님께서 누구에게 어떻게 호를 주겠어요. 의산 혜산 주산 중에서 주산이 좋지 않아요? 그렇지요?

그러니까 당신 사위라고 주산을 준다 할까 싶어서 종이에 써서 접어놓고 각자 고르라고 했어요. 두 사람이 먼저 집고 나니까 송도성 법사가 마지막으로 '주산(主山)'을 집었어요.

그 일을 보면 그 기틀을 알아야 합니다

사리연구라는 것은 그렇게 사물을 딱 보면 이게 무엇이 어찌 돌아가는지 아는 겁니다.

대종사님께서 한 번은 우리 식구들이 들에 야채밭을 매는데, 가서 쭉 들여다보시더니 인분 부어놓은 구덩이에 들랑거리는 쥐를 보시고 "저 쥐가 일주일 후에는 구더기 밥이 되겠다." 그러셨어요. 사람들이 안 믿다가 일주일 후에 보니 쥐가 구더기 밥이 됐어요.

그것을 보고 제자들이 "대종사님이 도통을 하셔서 그것까지 다 안다."고 그러니까, "나를 신기한 사람으로 만들지 마라."고 하시면서 이렇게 말씀하셨지요.

"그 일을 보면 그 기틀을 알아야 한다. 그대들이 야채밭을 매고 있지 않은가. 야채밭을 매고 나면 거기 있는 것을 다 퍼 가지고 밭에 줄 것 아닌가. 그런데, 쥐는 땅하고 똥구덩이 하고 높이가 같으니까 왔다 갔다 하면서 구더기를 잡아먹었지. 이것이 습관이 되어서 나중에는 구덩이가 바닥까지 비워진 것도 모르고 그렇게 왔다갔다하면 결국 빠져 죽을 것 아닌가. 그럼 결국 구더기 밥이 되는 것 아닌가."

사리에 밝으면 사물을 보나 사람을 보나 일을 당하나 그 정도까지는 알아야 됩니다.

그런데, 대종사님이 도통해서 안다고 생각하니 이거 큰 일 아닙니까.

대소유무가 그리 쉬운 문제가 아닙니다. 서울교당에서도 대소유무를 석 달을 가르쳤습니다. 서울교당 교도회장 이원국 씨가 간이 나빠서 제가 나올 때 얼굴이 숯검정같이 생겼어요. 그 지경이니 무슨 비싼 주사를 하나 맞아야 1년을 버텨요. 그런데, 어느 날 보니까 얼굴이 훤해졌어요.

"아니 어떻게 병이 다 나았소."

"제가 요새 놓아버리니까 얼굴이 환해졌습니다."

그 사람이 무엇을 했냐하면, 극동정유라는 석유회사를 운영했어요. 그게 부도나기 직전이었어요. 그래서 그걸 갖고 늘어지느라고 간이 나쁘고 죽을 지경인 거예요. 그런데 원불교에서 늘 공부를 하면서 대소유무를 공부를 해 가지고 놓아 버리니까 병이 나아버렸습니다. 일도 제대로 되고. 그래서 그것 남 줘버리고 서울 가스를 하잖아요. 가스도 어떻게 잘못되어 가지고 또 내버리고 무슨 제약사에 들어가서 부도난 것을 잘 살려서 신문에 크게 났어요.

그렇게 대소유무로 공부를 하니까 자기 병도 나아 버리더라고요.

온 세상이 극동정유 포기할 때도, 인수하는 사람에게 온갖 것을 다 가르쳐 주었습니다. 그러니 인수 측에서 "당신은 남아주시오." 그러더랍니다. 그런데 이 회장이 "내가 안 나가면 전체가 안 나가니까. 내가 나가야 된다고." 그랬대요. 그래서 그 새 사장이 "당신은 어찌 그렇게 모든 일에 밝냐."고 하니까. "내가 원불교 다녀서 그렇소." 그랬답니다.

이렇게 대소유무의 이치를 한번 깨치고 나면, 세상 만사가 손바닥에 구슬같이 다 드러나게 되어 있습니다. 못하는 게 없이 다 할 수 있는 일이에요. 들이대면 안 되는 게 없어요.

그래서 이 공부를 하라는 겁니다. 또 늙은이들은 경험에 의해서 하기 때문에 젊은 사람들보다는 훨씬 낫습니다. 많은 시행 착오를 거치면서 지금까지 늙었기 때문에 늙은이 말을 들으면 누워 자다가도 떡 먹을 일이 생긴다고 하지요. 왜! 자기가 다 틀려보고 제대로 해보고 그렇게 해서 실증이 되어 있잖아요. 물론, 그렇게 돼도 깜깜한 사람도 있지만요.

옛날에 그런 말이 있잖아요. 중국에서 4가지 수수께끼를 내놓았어요.

말이 어떤 것이 어미인지 새끼인지 가려 보라고. 또 하나는 나무 막대기가 똑같은데 어떤 것이 위인지 아래인지 알아내라. 또 뱀 두 마리를 보내면서 어떤 것이 암놈인지 수놈인지 알아내라.

그때는 사람이 늙어서 나이가 얼마가 되면 땅 속에 묻는데, 자기 할머니, 할아버지에게 물어보니 "말은 콩을 삶아서 주어 보아라. 그러면 어미가 양보를 한다. 또 뱀은 비단 방석을 딱 깔아 놓고 방에다 놓아 봐라. 방석 위에 앉는 것은 암놈이다. 나무 막대기는 물에다 놓아 봐라. 밑에가 물 속으로 조금이라도 기울어진다."고 그랬답니다.

대종사님께서는 사리연구를 견성하는 데에만 두지 않으시고 세상 만사 전부 다 할 수가 있어야 한다고 하신 것입니다. 수신 제가 치국 평천하를 다 할 수 있어야 합니다.

사리를 원만하게 아는 공부는 한 쪽만 해서는 안 됩니다. 그러니까 구불교의 계 정 혜와 같다고 절대로 생각하지 말아요. 세상 전체를 다 알아야 합니다.

그래서 사리(事理)라는 것이 불교에서 말하는 계정혜 삼학 중의 혜와 완전히 차이가 있습니다.

정신수양은 영통이고, 사리연구는 도통입니다. 진리를 통달한 것입니다. 그것을 보고 정각(正覺)이라 하고, 그런 분을 대원정사(大圓正師)라고 하지요.

이번에 대재를 지냈는데, 대종사님만 대각여래위입니다. 정산 종사나, 대산 종사는 대원정사이고요. 그런데, 이 어른들은 스승을 만나 가지고 한 거예요. 점수 돈오를 한 분들입니다.

점수돈오(漸修頓悟) 돈오점수(頓悟漸修) 들어보았어요?

요즘 송광사에서 점수돈오, 돈오점수 가지고 논쟁하지요. 점수돈오라는 것은 서서히 닦아서 깨치는 것을 말합니다.

돈오 점수라는 것은 깨쳐 가지고 닦아 가는 것입니다. 육조 같은 분은 돈오점수를 한 것입니다. 나무를 팔러 갔다가 '응무소주 이생기심(應無所住 而生其心)' 소리를 듣고 깨쳐 버렸어요. 그렇게 깨쳐서 조계산에 가서 8개월을 보림 공부를 했어요. 8개월 공부를 해도 안 되어서 오조 홍인대사가 "너 이 길로 도망가라." 해서 그 길로 가서 16년을 사냥하는 사람을 따라 다니면서 밥 해주면서 점수를 한 것입니다.

깨쳐서 닦는 것이 훨씬 낫겠죠? 깨쳐서 닦는 것이 무엇이냐 하면, 여기서 북악산을 보면 눈에 훤히 보이지요, 그런데 눈으로 보았지 실제로 답사해 보지는 않았어요. 내가 여기서 걸어서 답사를 하는 것이 돈오점수입니다.

점수돈오는 서서히 닦아 가지고 깨쳐 가는 것입니다.

저 사람들이 왜 논쟁을 하냐 하면 전생에서부터 닦아 가지고 왔으니까 점수 돈오다. 그것은 금생에 시작해서 돈오한 것이 아니다. 돈오점수는 돈오점수대로 이것이 옳다 저것이 옳다 하면서 논쟁하는 것입니다. 그런데, 돈오도 전생에 많이 닦아야 금생에 깨치지 진짜 무식한 사람은 안 됩니다. 아무리 가르쳐도 안 됩니다. 금생에 처음 듣는 사람은 절대 안 됩니다.

정각(正覺)이라는 게 있습니다. 여러분들이 죽어서 지옥에 안 가려면 정각정행을 해야 합니다. 즉, 바르게 깨치고 바르게 행동을 해야 합니다. 정각정행을 한 사람에게 이리 오라고 아무리 무슨 짓을 하면서 유혹을 해도 그리로 가겠어요. 이게 옳은 일인데, 이게 습관이 되어버려야 합니다.

정각하지 않으면 어른도 유혹에 넘어가고 애들도 넘어갑니다. 정각을 하면, 이게 나를 죽일 것인지 살릴 것인지 알아서 안 넘어 가지요.

아기가 엄마 아빠하고 살다가 아버지가 죽으면 애들이 그렇게 안 불쌍한데 엄마가 죽으면 그만 고아가 되어버려요.

그래서 대종사님이 사리연구에 어떻게 지도했지요? 남자는 너무 어벙하게 커 가지고 그렇게 생겼으니까 주밀한 대로 마음을 써라. 여자는 너무 주밀해서 좁아 가지고 잔소리꾼이니까 마음의 국을 키우는 데에 두라고 하셨습니다.

양로당 할머니들은 '무관사에 동하지 말라.'고 했는데, 그것으로 정신수양의 표준을 잡습니다.

대종사님께서 견성이라고 하는 것은 한글을 아는 것과 같다고 하셨습니다. 그런데, 글만 알면 뭐 합니까? 그 글로 천하를 다 다스릴 수도 있어야 합니다.

대종사께서 이사병행, 영육쌍전하라고 하신 것도 같이 이해하면 됩니다.

심신을 원만하게 사용하는 공부

몸도 마음도 온전해야 합니다

뉴스를 보니 보험회사에서 보험금을 타내려고 가족까지 죽인다고 하더니 요새는 자기 몸을 가해한답니다. 참 기가 막힐 일입니다. 거지가 되어도 몸이 성해야 얻어먹습니다. 그렇게 해서 돈 십억이 생기면 뭐할 거예요.

제가 지리산에서 도랑을 건너다가 뒤로 넘어져서 손을 다친 적이 있었는데 요즈음 발을 다쳐서 살아보니까 손 다치는 것이 훨씬 낫습니다.

천도재를 지내는데 원불교를 모르고 신심이 없는 사람은 금강경, 반야심경을 다 독송해야 좋은 줄 알지만 천도법문 하나면 돌아가신 분 천도는 그만입니다. 그리고 또 일원상 서원문

1독이면 끝납니다.

여러분들 밥 차려 보았지요. 반찬을 여러 가지 차려놓지만 자기 입에 맞는 몇 가지 안됩니다. 그렇듯이 귀신이 아무리 귀가 밝아도 그것을 다 읽으면 어떻게 다 기억을 할 것인가요?

역대 성자가 직접 경을 만든 분이 드뭅니다. 우리 대종사님은 직접 천도법문도 만들고 일원상 서원문도 만들었어요. 원불교 초창 당시 숯장수 엿장수를 할 때 누가 원불교를 알겠어요? 더욱이 대종사님이 여래라는 것을 누가 알겠어요? 아무도 모르지요. 그렇지만, 대종사님이 너무 위대한 부처님이시니 무조건 복종을 했지요.

정산 종사님은 바로 대종사님을 알아서 대각여래위에 올려 모셨지요.

원불교가 지금 현재 발전이 안되고 이 큰 법당에 사람 조금 앉아 있다고 해서 '우리 원불교는 왜 발전이 안되나?' 하고 의문을 거는 사람이 있습니다.

알고 보면 원불교 꼭 믿을 사람만 오는 거예요. 자기하고 안 맞으면 안 옵니다. 와도 다니다 말아요.

대종사님 당시에도 서대원 선생님이라고 손을 자른 분이 있었습니다. 성가 '추모의 노래'를 지으신 분입니다. 전도가 창창한 분이었어요. 중국 선종 이조 혜가대사의 본을 본다고 손을 잘랐어요. 대종사님께서 얼마나 가슴이 아프면 매일 뭐라고 하셨겠어요. 매일 그러니까 옆의 동료들은 대종사님이 미워해서 그런 줄 알았대요.

한번은 우물에서 두레박으로 물을 뜨고 온전한 손으로 잡아야 하는데 자꾸만 놓쳐서 푹 들어가고 하니 얼마나 답답하겠어요? 대종사님께서 옆에 있는 제자보고 "물 좀 떠줘라. 내가 미워하니까 너희까지 미워하냐?" 그러셨다고요.

대종사님께서 앞으로 돌아오는 세상은 두 발 두 손으로도 세상을 헤쳐 나가고 창생을 제도하기도 힘드는데, 손을 자르면 어떻게 하느냐고 혼을 내셨답니다.

육도로 변화하는 이치를 알아 육신을 온전하게 하는 것도 심신을 원만하게 수호하는 공부지요. 심신을 잘 수호하고, 그 다음에 사리를 원만하게 알아야 하고 그 다음에 심신을 원만하게 사용을 해야 진급이 된다는 말입니다.

우리가 일원상 서원문 공부를 하면 진급이 됩니다.

진급이 되고 은혜는 입을지언정 강급되는 일은 하지 말자고 했습니다. 강급이 되면 해독을 입습니다. 그러니 강급되는 일을 하지 말자 이것입니다.

젊어서 정진해야 합니다

옛날에 고창에 18살 먹은 고창명 이라는 사람이 원님으로 왔어요. 어린 사람이 원님으로 오니까 명령을 해도 이방들이 예예 하겠어요? 온갖 수단을 다 떨어요.

하루는 원님이 명하기를 수수깡을 모두 뿌리도 떼지 말고 다 엮어 가지고 오라고 했어요. 아무리 나이가 어려도 그 명령은 받았겠지요. 그런데, 누가 그걸 안 부러뜨리고 어떻게 다 엮겠어요. 수수깡은 겨우 석 달 밖에 안 컸어요.

원님이 "석 달 밖에 안 된 것도 엮지 못하면서 18년이나 된 나를 너희들이 엮으려고 하느냐."며 나이 먹은 이방들 혼을 냈지요.

이렇게 지혜란 나이가 든다고 해서 깊어지는 게 아닙니다. 20, 30대에 지혜가 다 나와야 되고 인격도 다 형성이 되어야 합니다. 늙어서 수도하는 것은 노망이나 안 들려고 하는 것이지 도를 깬다든지 견성을 한다든지 지혜문이 열리는 것은 아닙니다.

오늘 아침 뉴스를 보니, 금융기관의 늙은이들은 다 퇴직하라고 한답니다. 국제 경쟁력을 갖추려면 4, 50대라야 된답니다. 여러분들 나이가 좀 젊다고 '오늘 안 하면 내일 하지, 내일 안 하면 모레 하지, 내년에 하지 뭐.' 하며 공부 안 하지요. 여행도 젊은 사람이 하면, 지혜라도 넓힐지 모르지만 늙은이는 다니면서 돈만 씁니다. 저도 구경 다녔는데 이름도 다 잊어버렸어요.

옛날에 어떤 분이 집안을 너무 원만하게 잘 다스려서 마을 이장을 시켜봤어요. 사람들이 그 일도 참 잘한다며 이번엔 군수를 시켜봤어요. 군수 일도 잘하는 거예요. 이번에는 도시관이라고 고시공부 채점하는 시험관을 만들어 놓았어요. 그 사람이 글 실력이 짧은데 어떻게 하나 보았답니다.

그랬더니 심사위원들에게 전부 다 시험지 올린 것을 돌려가면서 읽어보라고 했더니 "이게 잘 됐네요." 하며 내놓더랍니다. 그래서 이 사람이 그 일등은 뒤로 내놓고 "또 한 번 둘러봐라." 했답니다. 한참 있다가 "이것이 잘 됐네요." 하고 내놓는 것을 일등으로 했답니다.

그래서 "어떻게 첫 번째 것을 뒤로 내 놓았습니까?" 하고 물으니 "그것은 전부 뒷돈 먹고 봐달라는 것이다. 그러니 처음에 뽑은 것 아니겠는가?"

그런 식으로 그 사람이 도시관 노릇도 잘했답니다.

이렇게 바른 처사는 대학을 졸업한다고 해서 잘되는 것도 아니고 박사라고 해서 잘되는 것도 아닙니다.

옳은 처사가 나오려면 내 마음을 비워야 됩니다. 내 친척, 내 아들 이런 것이 끼어 있어서 바른 처사가 안 나옵니다.

육조 대사는 느닷없이 '응무소주이생기심' 이라는 말을 듣고 깨 버리잖아요. 마음이 비어있기 때문에 깨치는 것입니다.

팔타원님이 처음에 대종사님께서 인과 법문을 하시면 '무엇이 그럴까?' 속으로 그렇게 생각했답니다. 그런데, 정산 종사나, 박장식 종사는 대종사님 얼굴도 안쳐다보고 '예예' 하고 나가는 겁니다.

그런데 팔타원 님 당신은 영국 유학까지 갔다 왔지 세상 돌아가는 것을 훤히 다 알고 있으니까.

'그것 참, 말도 안 되는 소리지. 어떻게 사람이 죽어서 개미가 될 수가 있나.' 하고 부정을 했답니다. 그럼 대종사님이 또 법상에 올라오셔서 내 말을 부정하는 사람이 있다고 그러셨대요. 말 한마디도 안 했는데 그러셨다는 것입니다.

영통, 도통, 법통이라는 삼통이 있습니다. 이것을 동시에 다 깨쳐야 대각도인이라고 했습니다. 한 가지만 깬 사람도 많이 있습니다. 정신수양, 이것을 잘하면 영통이 됩니다. 영계는 하나씩 다 알고 있어요.

이인의화 할머니께서 영계에 대해서 얘기하는 거 들어보면 꼭 무슨 무당이 하는 말 같아요. 그때 나는 그것도 모르니까 그냥 들었지요. 영계 얘기를 하시는데 사람이 죽어서 무엇을 하나 던져주어서 입으면 돼지가 되고 무엇을 하나 던져 주어서 입으면 소가 되고 그런다고 얘기해요. 또 정산 종사님한테 편지를 하나 써서 영계에 가서 만나고 왔대요. 그것이 영통이라는 것입니다.

사리연구는 도통입니다. 진리를 깨닫는 겁니다. 영통은 영계를 깨달은 사람이고, 작업취사는 무엇이냐 하면 법통이라는 것입니다.

모든 법도를 다 알아요. 법도를 아는 사람은 바느질 잘 하는 사람같이 자로 정확하게 대서 옷을 딱 만들어 내는 것과 같은 것입니다. 또 헌옷도 그 사람한테 맡기면 고쳐서 만들어 줘요. 그와 같이 법통을 한 사람은 모든 제도를 바꿀 수가 있습니다. 다른 사람 법을 고칠 수도 있고 옛날 법을 고칠 수도 있고 살릴 수도 있고 새로운 법을 만들어 낼 수도 있어요.

어떤 부교무가 나한테 전화를 했습니다. 진리를 몰라서 미치겠다는 거예요. 우리 교도들 중에도 미치고 싶은 사람 있어요? 미칠 사람 한 명도 없는가봐요. 나한테 전화하는 사람이 한 명도 없어요.

저도 친가가 원불교를 잘 몰라요. 20년만에 집에 가면서 올 때 차비 안주면 어쩔 건가 싶어서 지갑에는 돈 20원인가 30원 남게끔 하고 갔어요. 내가 월급 받고 사는 줄 알고 그것들이 다 털어먹으러 올 거니까. 그런데, 가방을 열고 지갑을 내놓으니까 돈 30원이 나오는 거예요.

"아이고, 큰 코 다쳤네. 차비 줘야 되겠네." 하는 거예요.

왜 내가 그렇게 했겠는가. 큰오빠가 일본에서 나와서 돌아가셨어요. 당시에는 전무출신들이 돈이 없어서 사는 게 어려웠어요. 그 때 한국에서는 보지도 못한 쉐타, 점퍼 등을 주섬주섬 전부 다 갖고 왔어요. 시계도 갖고 오고. 그것을 지금 원대 원불교학과 교수님들 어렵게 살 땐데 그 분들에게 다 드렸습니다. 그 새 옷 우리 형제들 줘 봐야 다 죄업만 짓고 사는 사람들입니다. 그래도 전무출신들은 가진 것은 없지만 복을 짓는 사람입니다.

여러분, 어떤 것이 복이 되고 어떤 것이 죄가 될 것인지 한번 생각을 해보세요. 실행이 문제입니다. 그래서 죽기로써 끊고 죽기로써 실천하자, 이것이 힘든 거예요.

그 일 그 일에 옳은 행동을 해야 합니다. 취사력, 중심, 중도, 중화, 실천력, 결단력 없으면 안 됩니다.

공자님도 '천하를 내가 다 고를 수 있고 내가 정승판서 시켜줘도 그것도 내가 사양할 수 있다. 그리고 맨발로 칼 위에서 춤을 출 수 있다. 그러나 중용은 실천하기 힘들다.' 고 하셨습니다. 그 얼마나 어렵냐고요.

그전에 어느 지부장님이 자기 부인에게 말하기를 "이 사람아, 교당사업 하는 것은 아들 하나 더 키우는 일이라고 생각하세." 했답니다.

여러분들이 정신수양 사리연구도 잘하겠지만 작업취사 이것은 아주 어려워요.

교당은 복 지으러 온 데예요. 그런데 원불교 교도가 되었는데도 복은 고사하고 사람 몸도 못 받는다고 해보세요. 어찌 되겠는가.

대종사님께서 삼세상만 정녀로서 시집 안가고, 가정 안 갖고 이 공도사업 하면 성불한다고 하셨습니다. 그렇게 성불이라는 것이 어렵습니다.

대종사님 같은 부처님도 임종을 앞둔 어머니에게 사탕 한 개를 못 사준 그 심정을 여러분 한 번 생각해 보세요. 그것이 얼마나 어려운 일인지.

진급이 되고 은혜는 입을지언정
강급이 되고 해독은 입지 아니하기로써

오늘 하루 어떤 생활을 했나요

내가 오늘 축생 노릇을 얼마나 했으며, 아귀 노릇은 얼마나 했으며, 내 이 생활이 수라생활은 아닌가? 인간 몸 받았을 때, 온전한 몸 받았을 때, 그리고 이 법 만났을 때 진급은 안되어도 강급될 일은 하지 말아야 합니다.

사람에게 양심이라는 것이 있습니다. 그 양심에 비추어 봐서 내가 죄 짓는 생활이 얼마이며, 복 짓는 생활이 얼마며 빚지는 생활은 얼마인지 계산해 보아야 합니다. 에티오피아에 1불을 보내면 그 아기들 눈이 안 멀게 할 수 있답니다.

뉴스에 보니 상록수부대가 간 곳은 1불이면 아이들 1년 학비가 된답니다. 그래서 그 군에 간 사람들이 그 애들 가르치라고 1불씩 걷어서 1,500불을 줬답니다.

조금만 아끼면 됩니다.

요즘 보은미 내요? 대종사님 당시에는 보은미라는 것이 그냥 한 숟가락 뜨는 것이 아니고 식구 열 명이면 열 명 먹을 쌀을 떠가지고 열 숟가락을 떠내라는 것입니다. 한사람이 한 숟가락 덜 먹고 그것을 보은미로 내라고 한 것입니다. 그것은 다른 용도로 쓰지 말고 반드시 총부 공익복지부에 내서 사회복지사업하는데 보태 써야 합니다.

여러분, 내가 진급생활을 했나 강급생활을 했나 보라고 했어요.

내가 육도 윤회를 하는데 금생에 빚지는 생활을 얼마나 했는지, 죄 짓는 생활을 얼마나 했는지, 복 짓는 생활을 얼마나 했나 그것을 계산해보라는 것입니다.

'육도 윤회'

이것이 자연으로도 육도 윤회가 되고 또 내 심신작용을 따라서 육도 윤회가 되고 그러니까 자기가 어떤 생활을 해서든 자기 일은 자기가 해결해야지요. 내가 지은 업은 부처님도 책임을 못 지고 법신불도 책임을 못 집니다.

기독교인들은 하나님한테 기도하면 된다고 하지만 내가 하느님이라고 합시다.

요새 축구한다고 야단이잖아요? 예를 들어 일본하고 한국이 붙었다. 그러면, 한국 사람들도 하느님 보고 우리 이기게 해달라고 하고 일본사람들도 우리 이기게 해달라고 하면 하나님은 어떻게 하지요? 내가 하나님 같으면, "이놈들아 내가 어떻게 아냐. 네놈들 실력대로 해라.” 그럴 것입니다.

여러분이 그것을 놓고 여러분의 하루 생활이 진급되는 생활이냐 강급되는 생활이냐 그것을 반조해가면서 생활해 가야 합니다.

‘이 일원상의 진리를 체 받아서’ 라 했는데, 앞으로 우리의 공부는 ‘체 받아서’ 입니다.

금강경도, 반야심경도 진리는 이렇게 생겼다 그렇게만 써져 있지 ‘체 받아서’ 는 없습니다.

이런 진리를 체 받아서 어떤 공부를 해야 된다는 것은 우리 일원상 서원문 밖에 없습니다. 따라서 이 일원상 진리를 체 받아서 공부를 해야 합니다.

여러분 단전 있지요? 죽는 사람도 살리는 곳이 단전입니다. 죽는 거 보면 숨이 가슴께로 올라오거든요. 기운이 올라오면 죽어요. 단전에 힘을 주면 안 죽습니다. 여러분도 항상 단전에다 마음을 가라 앉혀 보세요. 마음 가라 앉히는 데도 장소가 있어야지요.

조금 전에 누가 마음속에 가라앉힌다고 하는데 마음이 어디 있다고 마음에 가라앉혀요?

그래서 지옥도 있죠. 지옥 중생은 동서양이 똑같을 거예요. 아마 땅만 파면 밑에서 뭔가 나올 거예요.

지장보살이라는 이야기 들어보았어요?

제가 연구를 해보니까 지장보살이 땅이구나. 왜? 사람도 죽으면 다 땅에다 파묻지. 오물이라고 생긴 것은 다 집어넣는데, 땅에 묻어놓고 덮어버리면 흔적이 없잖아요. 땅이란 것은 더러운 것을 다 감추어요. 사람이 죽어서 땅에 묻고 몇 년 후에 파보면 송장도 다 썩고 뼈만 남았어요. 그것은 땅이 흡수해버려서 그런 것입니다.

그래서 우리가 지장보살이 되려면 쓰레기통이 되어야 합니다. 남 안 좋은 것은 나한테 다 갖다 바쳐라. 그것도 사실은 힘든 일입니다.

지장보살은 지옥에서 보살 노릇을 합니다. 지옥문에 중생이 한 명도 오지 않을 때까지 나는 성불하지 않는다고 했습니다.

옛날에 어머니들이 말씀하시기를 "밥 같은 것을 던져버리면 저 밥 덩어리가 없어질 때까지 지장보살이 울고 있다."고 했습니다. 네가 지옥 올까 걱정돼서.

여러분, 우리가 하루생활을 늘 즐겁게 하면 천당입니다. 즐거웠다가 괴로웠다가 고락상반이면, 인간생활입니다.

창문 밖을 보면 새벽부터 새들이 짹짹 하는데 저것들이 어디서 자고 오는지 궁금해요. 아무리 봐도 나무에 새집이 없어요.

여러분 새 몸을 받으려면 어떻게 하는 줄 아세요? 수도를 하는데 또 세상생활을 하면서 욕심은 없는데, 늘 아무런 표준이 없이 둥둥 떠서 생활하면 수라보나 날아다니는 새가 됩니다. 칠면조 같은 것은 날마다 옷을 갈아입죠. 미국은 일주일 내내 갈아입는다면서요? 하루라도 갈아입지 않고 출근하면 너 어제 외박했지 그런다면서요.

그렇게 날마다 변덕을 떨면서 옷을 갈아입는 사람이 있어요. 그런 사람은 잘못하면 나비나 날아다니는 새가 된다 이 말입니다.

사람을 열 명을 놓고 그 사람 심신작용 하는 대로 가만히 보면 저 사람은 법 없어도 살겠다고 하지요. 절대로 양심을 속이지 않아요. 주인이기 때문에 그렇습니다.

여러분, 교당은 복 짓는 자리입니다. 그렇게 복 짓는 자리에서 교도들이 갖다 주는 대로 다 먹어버리면 금사망보를 받는다고 그러셨어요. 얼마나 무서운 일입니까.

그런데 "삼세상만 너희들이 이 세상에 안 난 폭 잡고 이 공부 이 사업을 열심히 하면 성불한다."고 말씀하셨습니다.

정산 종사님께서 뭐라고 하셨느냐면 남을 주는데, 남은 것을 주면 큰 복이 안 된다고 하셨습니다. 자기가 제일 좋아하는 것을 줘야 큰 복이 됩니다.

정산 종사 법어에 보면 학인이 묻기를 "진급과 강급은 반드시 수행 여하에 따라서만 되나이까." 답하시기를 "진급과 강급에는 자연히 되는 것과 인력으로 되는 것이 있으니 자연으로 되는 것은 천지의 운행하는 도수에 따라서 저절로 진급 혹은 강급이 되는 것이요, 인력으로 되는 것은 수도와 행동 여하에 따라서 각자 업인으로 진급 혹은 강급이 되나니라.”

이게 무슨 말씀이냐 하면, 지금 세계는 백 년 전에 비하면 월등하게 진급이 됐어요. 2000년 전과 비교해보세요. 얼마나 진급이 되었겠는가.

정산 종사 법어에 이르시기를 이 “우주가 진급기에 있다”고 하셨습니다. 그렇기 때문에 전세계 인류가 자꾸 생활에 향상을 얻어갑니다.

옛날에는 모든 것이 부족해서 아낄 것이 없었습니다. 그래서 다들 절약하고 살았습니다. 그런데 요즘에는 냉장고만 열면 먹을 것이 가득 찼는데 무엇을 아낄 것인가요.

그래서 지금 애들은 아끼지를 못하니까 애초부터 진리공부를 시켜야 합니다. 진리공부를 시키면 함부로 하지 않아요.

곤타원 박제권 법사님이 만석꾼의 외딸입니다. 남원 수지 산골에서 남원읍내에 있는 초등학교로 전학 오는데 사람들이 만석꾼 손녀딸이 오니까 거창하게 옷을 입고 오는가 하고 왔더니 무명에 검은 물 들여서 입고 왔더래요.

제권 선생님은 할머니 때부터 원불교 독신자입니다. 그러니까 박장식 선생님이 서울법대를 나와 가지고 바로 전무출신 했죠. 대종사님께서 대단한 집안이라고 이야기를 하셨습니다.

아무리 자식이지만 고급 옷 입히지 마라 하신 것입니다.

여름에는 볕을 가려주는 것, 겨울에는 추위를 막아주는 것

정도만 하고 자기가 돈 벌어서 자기가 쓰게 해야 빚을 안집니다. 다 봐주다가 그 빚을 잔뜩 짊어지면 그 애 앞길이 막힌다는 것입니다.

사람을 보면 저 사람이 진급될 사람인지, 강급될 사람인지 두고 보면 압니다. 여러분들이 옆에서 사귀어 보면 저 사람은 금생 보다 내생이 낫겠다, 내생에 푹 솟겠다 하는 것을 압니다.

우리는 진급되는 시기에 태어났습니다. 그래서 조금만 잘하면 진급이 됩니다.

진급시기에 태어나는 것이란, 봄에 씨앗을 뿌리면 비가 오고 거름만 주면 크지요. 이게 진급기에 태어난 거예요. 봄에 씨 뿌린 것과 같습니다. 겨울에 씨를 뿌릴 때는 무슨 공을 들여야 되겠습니까? 하우스를 치고 따뜻한 것을 넣어주고 봄에 한 것 보다 공을 열 배를 들여야 되겠지요. 농사를 짓는데 열 배를 들여야 겨울에 수확을 하지요. 봄에는 아무 데나 씨만 뿌려두면 되는 거예요. 잘 되고 못 되는 것은 가꾸기 여하에 따라서 달라지는데 이게 진급기에 진급되는 일입니다.

그리고 요즘 배의 모터가 수천 톤을 끌고 항해를 하는데 그게 파도하고 관계가 있겠어요? 그렇지만 그 배도 물이 들어올 때 항구로 들어옵니다. 배가 자기 힘으로 오대양 육대주를 누비고 다녔는데도 물이 들어올 때 들어오는 것과 물이 나갈 때 들어오는 것이 서로 힘이 다르잖아요. 그렇다 그 말입니다.

그리고 겨울에 길을 걸어갈 때 바람을 등지고 걸어가는 것이 바람을 안고 걸어가는 것보다 추위도 덜 할뿐 아니라 훨씬 걷기가 수월해요. 이게 우주의 진강급 차이입니다.

우리가 아무리 진급기에 태어나도 심신작용을 잘못하면 사형선고나 다름없습니다. 사형선고를 받으면 몇 생 지옥고를 받아야 돼요. 그런데 왜 잡아 가둬놓고 있나요.

참회해야죠. 자기 잘못을 진정으로 참회해서 마음을 해탈하고 죽으면 생사를 자유로 할 수 있어요.

황석영 씨는 감옥에 5년 동안 갇혀 있으면서 소설을 대학노트로 10권이나 써놓았답니다. 그 속에서도 자기 마음만 조절할 줄 알면 아무 상관이 없어요. 도리어 거기에서 큰 일하고 나오는 사람도 있어요.

그래서 수도를 해서 진급되는 것도 우주의 기운을 따라서 진급되는 이치가 있습니다.

수도하는 사람을 가만히 보세요. 지금은 아무리 돈은 없지만 오롯하게 수도하면 강급은 안 합니다. 부처님께서 진급하려면 선지식을 가까이 하라고 했어요.

원망생활을 감사생활로 돌리라는 게 원불교 신앙인데 자고 일어나면 참 고마운 것이 한두 가지가 아니지요.

제가 어느 날 아침에 생각하니까 이 심장이 얼마나 감사한지요. 심장은 이 몸뚱이가 자든 말든, 노름을 하든 말든, 칼로 남을 죽이러 다니든 말든, 이 육신이 하는 일에 대해서 간섭을 안 하고 밤낮 쉴 새 없이 일하고 있어요. 그러니 얼마나 감사

합니까.

그리고 또 원불교에서는 참는 게 아니라 마음을 좋은 데로, 자꾸 감사한 쪽으로 돌리라고 했습니다. 정전 사은 편에 보면 천지나 하우자라도 사은 없이는 못산다고 했습니다.

여러분, TV에서 '동물의 세계' 한번 보세요. 벌레들이 저를 잡아먹으러 오면 나무색깔로 변해버려서 몰라요. 악어란 놈은 희한하대요. 혀 밑에 보면 꼭 지렁이 같이 생긴 것이 두 개가 있어요. 입 벌리고 그 지렁이 같이 생긴 것을 내 놓으니까 고기들이 지렁이인 줄 알고 먹으러 오면 입을 벌리고 있다 잡아먹어 버려. 그러니까 미물 곤충도 삼학을 들이대지 않고는 못 삽니다.

옛말에 도둑놈도 똥을 싸고 훔쳐 가면 못 찾는답니다. 똥을 쌀 동안이 정신수양이랍니다. 또 그 사이 정신을 가다듬어 어떻게 하면 내가 훔쳐 가지고 달아나겠나 연구를 한답니다. 연구를 해 가지고 훔쳐서 도망가야 안 잡힌답니다. 삼학이 안 들어간 데가 어디 있나요?

여러분들께서 원망심이 나면 내가 유치원생 아기라고 생각하세요.

내가 발에 무엇이 채여서 넘어졌지요. 그러면 어른은 '아이고, 내가 땅을 잘 보고 갈 걸' 그러잖아요. 그렇게 내 부주의로 돌리는데 애들은 돌만 원망하니, 엄마가 달래느라고 "이놈 왜 우리 아기 넘어지게 했냐" 그러면 애가 '헤' 웃지요. 모르면 이렇게 상대방한테 원망합니다. 이렇게 원망심 이라는 것은 아기들이 하는 거예요.

통영에서 어떤 교도가 갑자기 원불교 안 다닌대요. 왜 그러냐고 하니까 누구한테 돈을 다 떼여서 망했답니다. 그래서 내가 그랬지요.

"원불교에서 돈 빌려주라고 하던가요. 계문에 심교간 금전을 여수하지 말라고 했지, 당신은 아직 원불교를 몰라도 한참 모르는 사람이다."고 그랬습니다.

종이 신심은 아닌가

여러분 중에 혹 신심이 종이신심이라 비를 맞아서 쳐져 버린 사람은 없는지 한 번 생각을 해 보세요.

작년 8월 그믐인가 9월 초순인가. 서신교당에서 법회를 봐 달라고 해요. 눈이 어두워서 못 보겠다고 했더니 교도가 날 데리러 온데요. 그러더니 젊은이 하나가 법회날 왔어요.

그 청년이 가면서 자기가 8월 21일날 총부에서 법인절 기념식 때 선생님 법설 듣고 감명 받아서 자원해서 왔다고 그래요.

자기가 형사인데, 결혼하기 전부터 기독교를 믿었어요. 그런데, 자기 엄마는 금산사에 다녔답니다. 그래서 스님이 "큰아들이 기독교를 믿으니 집안에 뭔 일이 되겠나. 큰아들보고 불교로 오라고 해라."고 하니까, 이 엄마가 사정을 해서 결국 어머니를 모시고 절에 다녔답니다. 그런데, 한번은 친구가 성주성지순례를 가는데 같이 가자고 해서 따라갔는데, 마침 그날이 노는 날이었답니다. 쭉 둘러보고 탄생가 앞 책장에 보니 원불교전서는 15,000원인가 되고 작은 책자가 그냥 가져가는 게 있더랍니다. 그래서 그것만 여섯 개를 집어서 포켓에다 넣고 집에 와서 읽어보았답니다.

읽어보니까 원불교 꾀도 많다. 어떻게 각 종교의 골수만 쏙 빼다가 교리를 만들어 놓았더래요. 너무 감동해서 자기 어머니 보고 그 먼 산에까지 가지 말고 우리 동네에 절이 있으니 거기 가자고 그랬답니다.

"우리 동네에 절이 어디 있어?"

"아, 저기 동네에 원불교라는 간판이 붙어 있습디다."

그렇게 해서 자기 어머니를 모시고 원불교에 왔대요. 그랬는데 어머니가 절에 평생을 다니면서도 안 고쳐지던 마음이 원불교 1년을 다니더니 그냥 고쳐졌답니다.

큰며느리는 늘 시어머니 미움받이이거든요. 그것이 시어머니가 젊을 때 시집왔기 때문에 그래요. 이 시어머니가 며느리 보는 눈이 달라졌어요. 여름에 부엌에서 밥 한다고 하면 선풍기를 갖다 바람을 대주면서 '더운데 밥한다고 애쓴다. 고맙네.' 그런데요. 그 때부터 이 젊은이가 입교 운동을 하는데 처갓집 식구 전부 다, 사돈네 팔촌까지 이 세상에 원불교같이 원만구족하고 지공무사한 종교는 없으니까 원불교 믿으라면서 다 입교를 시켰답니다.

올 1월 1일 신정절에 총부 기념관에 1,500명 좌석이 가득 찼는데, 교무님이 자기더러 감상담을 하라고 했답니다. 아무리 형사지만 1,500명이 모인 데서 처음 말하려고 하니까 벌벌 떨리더랍니다. 그런데, 그 때 감상담을 하고 난 후부터는 어디 가서 말해도 안 떨린답니다.

8월 21일 법인절에 총부로 온 것도 그 날이 경찰들 쉬는 날인데 교당에서는 밤에 기념식을 하니까 총부에 한번 가봐야겠다 하고 온 거예요. 제가 설교한다고 해서 알고 온 게 아니고 와서 보니까 제가 법설을 하더라는 거예요. 20분을 하라는데 몇 마디 못했죠. 그런데 무슨 말을 했는지 잘 모르겠는데 내가 자꾸 자기를 쳐다보더라는 거예요. 제가 뭔 말을 하면서 쳐다보았는지 모르죠. 자기는 처음 듣는 소리더랍니다.

여러분께서 어떤 종교를 가서 봐도 절에는 부처님 모셔놓고 자꾸 절하면서 복 나오라고 하고 기독교는 하나님이 어쩌고저쩌고 하지만, 원불교는 그런 소리 안 하잖아요.

법신불은 사은이라고 했잖아요. 사은은 천지 부모 동포 법률이에요. 우리 대종사님이 다른 성자 같으면 당신이 여기 법신불 봉안한 자리에 앉아 있을 터인데 안 그러죠?

이것 하나만 봐도 원불교가 대도 정법임을 알아야 해요.

내가 깨쳐야 됩니다

우리 교도 하나가 신도안을 갔다오더니 자기가 공부해서 깨쳐야 하겠대요.

왜 그러느냐고 물었더니 종법사님은 법당에 앉아 계신데, 법사님 사모님은 저기 뒤에 앉았더래요. 그러니 사모님이면 뭐하나. 자기가 깨쳐야지. 그 사람도 잘 보았잖아요.

세상에서는 대통령 부인만 되어도 대통령하고 나란히 앉았잖아요. 학교선생님 부인만 되어도 사모님 소리 듣고. 그런데, 원광대 숭산 총장님이 부임해서 부인을 데리고 다니며 옆에 앉히는 법이 없었어요. 그것이 대종사님 법이에요. 당신이 총장이지 부인이 총장인가요? 자기가 공부해서 법사 되지 부인도 저절로 법사냐고요? 그런 것을 보고 사회에서 생각이 조금이라도 열린 사람들은 원불교를 보고 참 좋은 종교다 그럽니다.

우리 개교표어가 뭐예요?

물질이 개벽되니 정신을 개벽하자.

여러분들 한번 생각해보세요.

87년 전에 영산에 전화 아니라 전기도 없었는데, 지게로 흙 짊어지고 날라서 언답을 막을 때, 물질이 이렇게 개벽될 줄 알았겠어요? 그런데, 대종사님은 다 아시고 '물질이 개벽되니 정신을 개벽하라.' 하신 것입니다.

그런데 오늘날 사람들 사는 모습을 보면, 사람이 물질을 사용해야 되는데, 물질의 노예가 되어 있어요. 그래서 요즘은 명지재천(命之在天)이 아니라 명지재차((命之在車)래요.

이제 목숨을 거기다 걸어놓고 거기다 싣고 다니잖아요. 몸뚱이 이것이 보통 일이 아닙니다. 이런 시대가 다가올 때를 대비해서 물질을 잘 사용할 수 있는 정신을 개벽하라 그 말입니다.

야구 선수 박찬호 있지요. 그 사람이 언제든지 쉴 때는 신을 신은 채로 잔디에 앉아서 좌선을 하더라고요. 단전주선을 하는 것이에요. 박세리가 1등을 해 가지고 병이 나서 오니까 병원에서 좌선하는 법을 가르쳤답니다.

제가 먼저도 말했지만 좌선이라는 것은 정신을 차리는 것입니다. 흩어진 마음을 가라앉히기 위해서 입정하고, 흩어진 마음을 일심으로 모아라. 그래서 마음의 세력이 높아져야합니다. 마음이 커야 됩니다. 그런데 그것을 모으는 방법이 단전주입니다. 여러분들 입정하는 것 보면 전부 눈을 감습니다.

눈 뜨는 사람 있어요? 누가 떠요? 눈을 떠야지 감으면 안돼요. 나같이 눈병이 난 사람은 할 수 없지만 부처님 눈을 보세요. 절에 있는 부처님이 눈 딱 감고 있는 것 보았어요? 반쯤 뜨고 있잖아요. 왜 눈을 반쯤 뜰까요? 눈을 감으면 온갖 사심이 다 몰려듭니다. 반쯤 눈을 뜨고 내려다보고 마음을 항상 단전에 주해라. 그래가지고 사물을 보아라. 정신을 모아 가지고 사물을 보아라. 그러면 바로 보입니다.

부처님이 왜 당신 아들보고 '라후라' 라 했는지 알아요?

'라후라' 는 우리말로 '장애물' 이라는 뜻입니다.

여러분들이 제일 많이 끌리는 것이 뭐예요? 돈? 자식? 무엇에 제일 많이 끌립니까? 자녀도 다 키워놓은 자식은 그렇게 안 끌리겠지만, 조그마한 아이 데리고 법회 참석하면 말은 제대로 못 듣고 애 보느라고 정신이 없지요. 그 때는 그게 장애 아니에요?

부처님도 출가하실 때, 아들한테 조금 마음이 끌린 모양입니다.

그래서 이 삼대력을 얻어야만 이 세상을 살아나갈 수 있습니다. 정신을 안 차리고는 못합니다.

원만하게 수호하고 아는 것도 조금 알아서는 안되고 원만하게 알아야 합니다. 그래서 원만하게 사용을 해야 되죠. 반만 사용해서도 안되고 원만하게 사용하라는 것입니다.

팔은 안으로 굽습니다. 한쪽으로 기울어지지 않는 것이 정이라고 했지요. 팔이 안으로 굽는 것은 정한 이치지만 내 마음이 안으로 굽는 것은 안되겠잖아요. 안으로 굽는다는 소리는 내 핏줄 내 자녀부터 생각한다는 소리입니다.

그런데, 부처님 마음은 부모가 자식을 사랑하는 그 마음이 일체 만물한테 그대로 미치는 마음입니다.

공정한 마음이 뭐냐 하면, 그것도 일체 만물을 내 것 같이 볼 수 있는 것, 남의 자식도 내 자녀같이 볼 수 있는 그런 마음입니다.

기독교는 늘 원수를 사랑해라 해놓고 원수도 아닌 다른 종교인은 다 마귀라며 포용도 못하잖아요. 자기 부모가 죽어도, 조금 전까지만 해도 살아 계셨던 부모인데, 마귀라고 절도 안 합니다.

심신을 원만하게 수호하고, 사리를 원만하게 알고 심신을 원만하게 사용해야 진급이 됩니다. 진급이 되지 않고 한 번 마음을 잘못 먹으면 떨어집니다. 판단 한 번 잘못하면 떨어져버려요. 그래서 진급은 되고 은혜를 입어라. 그렇게 원만하게 알고 원만하게 수호하면 진급이 되고 은혜를 입습니다. 그러나 원만하게 알지 못하고 원만하게 수호하지 못하고 원만하게 사용 못하면 강급이 되고 해독을 입게 됩니다.

그것이 은혜는 입고 해독은 입지 않는 것이잖아요. 만약에 이웃한테 참 덕을 베푼 사람이 곤경에 처해보세요. 다 도와주겠죠?

어린이도 알아야 할 일원상의 진리

설교를 하고 나면 대충 듣는 사람이 있는가 하면, 한마디에 깨달음이 있는 사람이 있고, 반면에 무슨 말인지 한마디도 알아듣지 못하는 사람이 있습니다.

지난번에 남자 교무가 어린이한테 일원상 진리를 가르치려 하였습니다. 어린이에게 일원상 진리를 어떻게 가르칠까. 어떻게 말을 해야 할까.

돌아가신 숭산 종사는 아버님(소태산 대종사)께서 "매일 화두를 걸고 좌선을 해라." 그랬답니다. 10살이나 먹었을 때 화두를 걸고 좌선을 하는데 옆집에 새며느리가 들어 왔는데 가서 구경을 해보니까 그 며느리 코가 빨갛더랍니다. '저 각시는 어째서 코가 빨갛는고?' 그것으로 한 달 동안 화두를 걸었답니다.

제가 교도들에게 "화두를 한번 걸어서 이 진리를 탐구해봐라." 하니까 안 걸린대요. 화두가 뭔지도 모르고 안 걸려요.

여러분, '내가 전생에 어디에서 왔나? 내가 전생에 누구였을까?' 그것도 안 걸어봤어요? 그것을 깊게 연구하면 나와요. 자기가 전생에 누군지 다 알게 돼요. 또 내가 금생에 이렇게 살다가 죽으면 어디로 갈 것인가. 여러분들 그런 생각이나 한번 해보셨어요?

중생은 육도로 진급이 되고 강급이 됩니다.

여러분들처럼 법설 듣기를 좋아하고 좋은 선지식이 모인 자리를 좋아하고 법회에 참석을 하는 것은 많이 닦은 사람들입니다. 그냥 이렇게 참석한 게 아니에요. 닦지 않은 사람들은 법회 오기가 싫어요. 이런 구경도 안한 사람이 여기를 어떻게 오겠습니까.

돼지를 여기에 갖다놓으면 좋아해서 가만히 있겠어요? 돼지집이 따로 있어요. 시궁창 속에 흙 반, 지푸라기 반, 똥 반 돼지는 거기가 그렇게 좋은 거예요. 먹는 것도 내버린 것 못 먹는 것만 좋아하잖습니까.

수희공덕(隨喜功德)

대종사님께서는 반찬을 세 가지 이상 먹지 말라고 했습니다. 절소 담박한 생활이었죠. 한번은 권정음 선생님이 대종사님 진지상을 본다고 배추 속 노란 것으로만 국을 끓여 드렸나 봐요.

알고 보면 그 노란 게 맛도 없는 거예요. 배추 속 노란 것으로만 국을 끓여놓으니까 "야, 나는 촌 영감이라 시퍼런 게 좋다." 그랬답니다.

경남 마산에 북면 온천이 있습니다. 구타원 이공주 선생님이 마산교당에 다니러 가실 때 저도 학생이라 따라갔어요. 제가 큰상 구석에 앉아서 있으니까 저보고 그래요.

"네가 전생에 내가 복 지을 때 고개를 끄덕끄덕 했겠구나." 이게 수희공덕이라는 겁니다.

세상에 수희공덕 하는 사람이 드뭅니다. 누가 훌륭한 일을 했다고 하면 "돈 있으면 누가 못해." 이렇게 말하기는 쉽지요. "아이고, 고맙다." 하며 자기가 한 것 이상으로 기쁘게 생각해요. 그렇게 함께 기뻐하고 진정으로 칭찬해 주는 것이 바로 수희공덕 입니다. 그런 사람들은 금생에 닦아 가지고 그렇게 되는 것이 아닙니다. 수십 생을 닦은 것입니다.

원광대 부총장을 지낸 김도융 박사가 철학을 전공했는데, 광주일고에 재직할 때 서광주 어디를 지나가다 보니까 '원불교 서광주교당' 이라고 작은 기와집이 보여서 들어갔답니다. 여자 교무님이 광주일고 상담선생으로 학생들이 다 아는 김도융 선생이 왔으니 얼마나 식사 대접을 잘 했겠어요.

교무님이 교전을 내미니까 일원상 서원문 하나 보고 "아, 이것이다. 이것이 내가 지금까지 연구하던 것이다."며 입교하였어요.

그 때는 하이데거, 데카르트 등 세계적인 철학가들만 머리에 가득했지. 한국 철학가는 생각지도 않을 때 대종사님 법을 보고, "대종사님 학교 안 나와도 좋다. 영광 산골 쌀 한 되도 나오지 않는 그런 빈촌에서 태어나도 좋다. 이 일원상 서원문만 봐도 좋다." 그 양반이 대종사님 알아 모시지 않았으면, 고등학교 선생으로만 일생을 늙어 죽을텐데 원불교에 와서 원광대 부총장까지 지냈잖아요.

원불교 법이 그런 것입니다. 그래서 그런 사람은 자꾸 진급이 되는 것입니다. 돈이 많아서 진급되는 게 아닙니다. 머리가 열려서 진리를 깨달아야지요. 진리를 깨닫고 나면 돈은 하루아침에 이슬입니다. 백년탑이 일조진(百年塔一朝塵)입니다. 아무리 좋은 집도 불이 나버리면 끝나버리는 거예요. 아무리 좋은 사람도 그날 죽어버리면 끝나버리고요. 그렇지만 진리를 깨친 사람은 영생이 하루입니다.

대종사께서 진급하려면 상시일기를 쓰라고 했잖아요. 그것은 스스로 "아! 내가 금생보다 내생이 낫겠다." 하며 자기가 점수를 주라는 겁니다. 일기를 거짓말로 안하고 진실로만 쓰면 염라대왕 문서보다 낫다고 그러셨잖아요. 염라대왕이 빠트릴 수도 있는데 자기가 양심적으로만 일기를 하나하나 그날그날 점검한다면 염라대왕 문서보다 더 정확하다는 것입니다.

할머니 교도님이 7층까지 걸어 올라왔어요.

"무엇 때문에 노인네가 7층까지 걸어왔소?" 하고 물었더니,

15만원을 날 준다고 그래요.

"뭔 돈입니까?"

"내가 우리 선조들 제사를 한번 지내고 싶소."

그 할머니가 죽으려나봐요. 준비를 하는 거예요. 친정부모 시부모 제사를 한번 지내려고 이게 꽃값이요. 그럼 기념비는 얼마나 낼 거예요? 100만원을 모아 놓았다고 그래요. 어떻게 그 100만원을 모았는가 하면 집에 대종사님 영정을 모셔 놓았는가봐요. 그 밑에다가 차곡차곡 돈 백만 원을 모으는데 몇 년이 걸렸대요. 손자들도 대종사님 앞에 있는 것은 손을 안 댄대요. 이렇게 할머니같이 자기가 차근차근 보따리를 싸기 시작해야 합니다.

올라가기는 힘들어도 내려가는 것은 순간

여러분, 내가 수용하고 있는 집이나 먹고사는 것, 옷 등이 내가 사용하는 물품하고 지금 내가 짓고 있는 복하고 대조를 한번 해보세요. 내가 이대로 먹고 이대로 입고 이대로 쓰고 살다가 죽으면 내가 전생에 지어서 조금 저축해 놓은 것이 다 없어지지 않겠는가, 조금 남겠는가.

대종사님께서 수입과 지출을 대조해보며 살라고 했습니다.

강급은 아주 쉽습니다. 하루아침에 돼요. 그런데, 진급은 굉장히 힘들잖아요. 등산도 한번 해보세요. 꼭대기까지 올라가면 별것도 없는데 그 과정이 얼마나 힘들어요.

꼭대기까지 올라가기가 그렇게 힘든데 내려오기는 찰나입니다. 백 년 동안 모아놓은 재산 하루아침에 티끌로 돌아와 버려요. 백 년 동안 그 재산 모으면서 얼마나 욕을 보냐고요.

그래서 진급되기는 힘들어도 강급되기는 쉽다는 것입니다.

그러나 지금은 선후천이 교차가 돼요. 갑자년 0시부터 선천은 지나가요. 선천이라는 것은 어두운 세상입니다. 밤 시대, 음 시대, 어두운 세상입니다. 그 0시부터 양시대로 변화가 일어나요. 그때부터 지금까지 이 세상이 물질세계로 팽배해지고 있지요.

익산 남중동에 부잣집 할머니가 살았습니다.

할머니가 집을 뱅뱅 돌면서 이렇게 좋은 세상을 두고 내가 어찌 죽지. 며느리들이 70살쯤 먹었으니 할머니는 90이 넘었지요.

그 할머니에게 "어떻게 해서 원불교에 들어왔소 하니까." 황등에 비행기가 떨어졌다고 구경을 갔대요. 가서 봤더니 없더래요. 돌아오면서 익산교당에 물 얻어먹으러 들어가서 원불교를 알게 돼 입교했는데 그 집 딸 셋이 다 법사가 됐어요.

그 할머니 딸이 하나는 정성숙 선생으로 원광여자중고등학교 교장이었고 큰딸은 전주 남문시장에 교과서 대는 서점을 했는데 일찌감치 법사가 되었고 둘째딸(문타원 정유진 대호법)은 금산으로 시집가서 혼자 교당을 여섯 개나 세웠어요. 이 양반은 전무출신 하려다가 연단에 서서 말을 못해 가지고 시집을 갔는데 '내가 전무출신을 한 것보다 더 잘해야지.' 해서 교당을 여섯 개나 세웠어요.

진급되는 일이 얼마나 어려운지 상상이나 한번 해보세요. 든이 억만 금 있더라도 쉽게 써버리면 안돼요. 다 절약해서 수지대조를 맞춰 가지고 돈이 남으면 공중사업을 해야 됩니다. 왜 공중사업을 하라고 했을까. 공중사업을 하는데 무슨 이득이 있나.

개인한테 그 돈을 주면 어느 세상에 그 개인을 만나서 내가 그 혜택을 입지요? 그 개인은 남의 돈 다 쓰고 얻어먹고 사는 사람일텐데 어떻게 진급이 되겠는가 생각해보세요. 진급이 될 리가 없잖아요. 그런데, 공중사에 쓰면 전체가 혜택을 입어요.

그럼, 학교를 짓는데는 어떻게 되냐. 학교를 짓는데 그 학교에서 아무리 착한 사람 좋은 사람 가르쳐 놓아도 복을 지어야겠다 하는 학생이 몇 명이나 될까요.

여러분도 교당에 오니 이 시간만큼은 착한 일해서 나도 진급해야 하겠다 생각하지요. 오늘 만 마디 말을 들었는데 한마디라도 실천해야겠다 이 생각을 갖게 되잖아요. 그래서 이런 사업이 더 큰 공덕을 받습니다.

네가 책임질래?

양산 김중묵 선생님이 간사로 있을 때 뽕나무 농사를 짓다가 굼벵이를 잡았어요. 그것을 보화당에 갖다 주면 양철에다 볶아서 팔았어요. 한 말을 잡아서 팔아 돈이 조금 생겼는데, 부엌에서 일하는 간사가 너무 옷이 없어요.

그래서 대종사님한테 가서 "이거 안 생긴 폭 잡고 우리 간사 옷 해주려고 합니다."

"이놈이! 굼벵이 떼들이 그 아이에게 나 살려내라고 다 달려들면 어떻게 하려고, 네가 책임질래? 그것은 재무부 갖다줘라. 공금으로 쓰게. 옷은 내가 줄 테니까 세탁부에 갖다줘서 줄여서 입혀라."

대종사님이 그 사람에게 옷 줄 때 '내가 저놈한테 보시해서 세세생생 혜택을 입으리라.' 하며 줬겠어요. 한 사람이라도 공중에 빚 안지게 하려고 한 것입니다.

아침에 동정수 교무하고 앉아서 토론을 하지요.

"진급되는 생이 얼마나 힘들겠냐. 내 방 저것이 월세로 치자면 20만원 정도는 된다고 치자. 또 먹고사는 것은 내가 고기반찬 안 사먹고 살아도 세끼 먹는데 영양실조는 안되니까 먹는 것 이것도 우리가 한번 계산해보자. 수돗물도 마음대로 내 돈 안내고 쓰지. 이 얼마나 빚지는 것이냐."

여러분들 다큐멘터리 한번 보세요. 시커먼 사람들이 물통을 이고 삼십리 가서 물 길어다 먹는 것 안 봤어요? 세계를 100으로 치자면 80%가 맑은 물을 못 먹는답니다. 제일 잘 먹고 사는 사람들이 미국사람이래요.

이제 지하수를 먹겠어요, 냇가 물을 먹겠어요? 이대로 나가면 어떻게 되겠습니까? 내가 우리 식구들보고 빨래도 전부 모아서 한 번에 빨라고 했어요.

진급되는 생활은 그런 것입니다. 나 하나만 생각하지 말고 우리나라 전체를 생각하고 전 세계 인류를 생각하는 것입니다. 그것이 정산 종사님의 세계주의입니다.

이제 우리 한국만 잘 살 수는 없는 일입니다. 우리 한국이 지금 이렇게 돈 때문에 난리가 나니까 우리만 손해 보는 게 아니라, 전 세계가 손해가 미쳐갑니다. 지구는 하나예요.

여러분, 내가 하루 먹고 입고 사는 것이 복은 얼마만큼 짓나. 진급될 짓은 얼마만큼 하나 보세요. 공부도 마찬가지예요. 학과공부도 마찬가지예요. 진급될 사람은 죽으나 사나 자기가 학생이니까 공부합니다.

유한양행 알지요? 유일한 씨가 자식들 가르치기만 했잖다요. 딸에게 2백만 불인가 줬는데 그 딸도 죽으면서 두 배 세 배를 만들어서 또 회사도 내놓고 죽어요. 딸도 아버지 유언을 받들었어요. 빛지면 안됩니다.

내가 아무리 생각해도 우리 지금 여기 앉아 있는 사람들은 부모한테 재산 탄 사람 없을 거예요. 다 공부만 가르쳐서 던져 놓으면 자기네들이 다 자수성가 안 했어요? 그런데 당신네 자식들도 그렇게 해야될 것 아니냐고 그 말입니다.

이시형 씨가 이야기를 해요. 자기 아들이 장가를 간대요. 좋다, 그럼 나는 결혼하는데 돈 10원도 못 대준다. 네가 벌어서 네가 장가갈 수 있으면 해라. 그래가지고 둘이서 맞춰 가지고 방 하나 얻어서 결혼을 했답니다. 며느리보고 너 어찌 우리 집에 시집오고 싶냐? 나는 아버지 그런 면이 좋아요 그러더랍니다. 한번은 오라고해서 갔더니 응접실에 놓는 소파를 주워다 놓고 좋아 가지고 춤추더래요. 헌 것을 주워다 놓고도 그래야 될 것 아니냐 그 말입니다. 자식들이 성취해놓고 즐거워야지 다 해줘버리면 그 사람들은 무슨 재미로 살겠냐고.

전주 주무님 딸이 부잣집으로 시집간다고 천만 원을 들여서 농을 해주더라고요. 그때 보니까. 자개농을 사줬어요. 내가 그 집에 한번 가봤더니 아기들이 다 긁어 놓아 가지고 못쓰게 만들어 놓았어요. 야, 저거 돈 천만 원 짜리 아니냐. 어째서 저렇게 다 긁어서 못쓰게 만들어 놓았냐. 선생님 그 애들 놀이터 아니요. 그 농이 애들 놀이터랍니다.

그 부모가 그 돈을 벌 때 어떻게 번지 아세요? 그 천만 원 짜리 농을 사준 그 아버지가 한국전쟁 때 벌목에서 보냈답니다. 총알이 휑휑 날아갈 때 그 장작 속에 숨어 가지고 서울로 그 벌목장사를 하러 다녔답니다.

불사는 음조로 해야 합니다

진급이 되는 일에 대해서는 나도 그런 생활을 해야 되지만 자녀들로 하여금 누구한테 의탁 안 하고 자기들이 벌어서 뭐 하나를 사야 기쁨이 있는 거예요.

교당을 신축할 때, 교도들을 보면 “나는 일원상 할 돈 낼게요.” 하는 사람이 있어요. 그러면 집은 누가 짓나요? 교도들이 생각을 할 때 좋은 것은 남한테 미루고 나는 교당 짓는데 얼마를 내겠소 해야 그게 이름 없는 것 아닙니까. 전부 촛대만 하고, 일원상만 하면 이 집은 누가 만들 것입니까? 교도님들 공부 수준이 높으면 나타나는 것은 안 하려고 하는 것입니다

생각해보세요. 일원상을 누가 했다 해서 ‘아무개씨가 일원상 했다.’고 손뼉을 댓번 쳐버리면 내생에 받을 것 있어요? 칭찬 받아버리고 박수 다 받았는데 내생에 받을 것 있냐고요? 누가 무슨 기념 접시라도 갖다 주면서 “고맙네요.” 하면 다 갚아버린 거예요.

그래서 이 진급이 되려면 칭찬 듣지 않고 음조로 숨어서 해야 됩니다. 다 박수 받고 칭찬 받고 다 해버리고 나면 내생에 받을 것도 없으니까 모르게 해야 됩니다.

원불교 다닌 사람은 조금이라도 정신이 열려야 합니다. 내가 시내버스나 지하철을 탔다면 청년들이 노인이라고 일어나요.

그때, “학생, 나는 집에 가면 누워 있을 사람이야. 자네는 새벽부터 일어나서 하루종일 공부한다고 얼마나 시달리나. 자네가 앉게.” 그 정도 인사는 해야 합니다.

자리 한번 양보하는 것도 보통 마음 갖고는 못합니다. 그러니 여러분들이 빚 안 지으려면 그렇게 하라고요. 밥 한끼 얻어먹어도 ‘고맙다.’고 하고 ‘이 양반 이차 인연으로 세세생생 사람되세요.’ 그렇게 하라고요.

익산 왕궁 영모묘원에 한번 가면, 전무출신 묘역이 있습니다. 거기 가면 식당에 근무한 사람이나 수위단원이나 바느질하던 사람이나 똑같이 묻어놔요. 그러면 묻어 놓는 데만 똑같은가. 6월 1일 제사 지낼 때 위패도 똑같아요. 식당에 근무한 사람도 바느질한 사람도 전무출신해서 몇 년이 되면 법사가 됩니다.

그전에 덕제 할머니라는 분이 계셨는데, 매일 조실 식구들 옷 바느질하고 하면서 시간만 나면 한문을 써요. 그래서 어디에 써먹으려고 그렇게 한문을 쓰는가 하고 물어보니 내생에 엄마 복장 안 터지게 금생에 좀 닦아 가지고 가려고 그런답니다.

제가 총부에 처음 왔을 때 전무출신이 250여 명 정도 됐는데 위친계를 한다고 쌀 한 말을 거두더라고요. 나는 우리 어머니 아버지 다 돌아가시고 없으니까 덕제 할머니를 위해서 그럼 쌀 두 말 낸다고 그러니까 덕제 할머니가 "나는 자애심이 부족해서 딸 안 삼으려는데." 그래요, 그래서 나도 "저는 효심이 부족해서 어머니 안 삼으려는데." 그랬지요, 나중에는 그냥 쌀 어머니 위해서 낸다고 그랬어요. 그래도 그게 그렇게 정해졌는가. 내가 가면 양말 한 켤레라도 모아 놓았다가 날 주더라고요. 그 자애심을 발휘해 가지고. 그런데 그 쌀이 없어졌지요. 쌀 모아놓은 것이 300가마 정도 되는데 원광여고 만드는데 기본금으로 다 들어가 버렸어요. 학교 건설하는데 들어갔으니 큰 복은 지었잖아요.

그래서 사람이라는 것은 자기가 어떤 처지에 있든지 그건 상관할 것 없습니다.

내가 하고 있는 일이 공적이냐 사적이냐, 또 이 일이 오늘 내가 심신작용 처리를 하는데 진급이 될 일인가 강급이 될 일인가. 또 내가 돈 한 푼 쓰는데 이것이 공을 위해서 쓰는 것인가 사를 위해서 쓰는 것인가를 생각해야 돼요.

요즘 우리 (여의도)청년들이 '너섬'을 만든다고 나한테 와서 개교의 동기를 이야기 하라고 그래요. 그래서 이렇게 이야기 해줬습니다.

과학 문명은 물질인데 물질은 욕심세계를 말합니다. 도학은 정신세계를 말하고. 정신의 세력을 확장한다는 말은 그 물질이 확장된 것 이상으로 내 정신을 확장시켜야 된다는 말입니다. 그래서 그 정신세계는 양심이라는 것입니다. 양심이 욕심하고 싸워서 양심이 이겨야 돼요. 그것이 확장된 거예요. 욕심세계보다 양심세계가 더 힘이 세. 그럼 물질을 항복 받아요. 그런데 우리는 양심은 어디로 가버리고 물질이 나를 지배해서 욕심이 나를 지배합니다.

부자는 부자대로 가난뱅이는 가난뱅이대로 안심입명을 얻자는 게 종교생활입니다. 제가 그전부터 높은 데 올라가는 게 싫다고 그랬어요. 다시 내려가야 되잖아요. 밑에 있는 사람은 올라갈 것도 없고 내려갈 것도 없고 그 자리이니 그게 좋습니다.

심신작용을 따라서 육도로 변화를 하는데 혹은 진급으로 혹은 강급으로 그랬어요.

대종사님께서 앞으로 세상은 진급시대라고 하셨습니다. 돈 없으면 오히려 애들이 더 분발심이 나서 공부 더 잘 한다고요.

있는 집 사람보다 기한(飢寒)에 발도심(發道心)이에요. 배고프고 춥고 해야 도심이 나는 법입니다.

예수님이나 공자님이 왜 저렇게 훌륭한 사람이 됐는데요? 환경이 나빠서였어요.

공자님 스승은 누굽니까. 요순우탕 문무 주공입니다. 그 양반이 나도 공부를 해서 요순우탕 문무 주공같이 훌륭한 사람이 되어야 되겠다. 그게 목적이었어요. 그래서 위편삼절(韋編三絕)이라. 소가죽으로 된 책이 세 번 떨어지도록 공부를 했습니다. 공자님이 왕후 장사나 부잣집에서 태어났으면 위편이 삼절 됐겠어요?

그러니까 가난하다고 슬퍼할 것도 없고 부자라고 만족할 것도 없고 이런 좋은 사업 안 하려면 그렇게 골치 아프게 돈 벌려고 노력할 필요가 없습니다.

일원의 위력을 얻도록까지 서원하고
일원의 체성에 합하도록까지 서원함

위력을 얻는 것과 합하는 것

위력을 얻는 것이 먼저입니까, 합하는 것이 먼저입니까?

합하는 것은 저 앞에 가서 입정처가 나오잖아요? 입정처, 제불 조사 범부 중생의 성품으로까지가 하나라 했죠?

그 하나인 자리에 합하는 것이 어떻게 합하는 것이냐. 내 마음을 원만하게 수호하고 원만하게 알고 원만하게 사용하는 것을 알아야 합니다. 그것이 합치는 공부입니다. 삼학을 공부해서 삼대력을 얻는 것이 일원의 체성에 합하는 공부예요. 나하고 일원하고 법신불이 별개가 아닌 하나가 된 자리입니다.

사은에 대해서 배은을 하지 않고 보은을 하는 사람은 이리 가도 위력을 얻고 저리 가도 도움을 얻는다는 말입니다.

법신불 일원상이 사은이라 했잖아요. 사은에 보은을 하는 사람은 그 사람이 몰라서 곤경에 처해도 누가 '그 사람 그런 사람이 아니여.' 하면 그것이 위력 아닌가요?

위력이란 그런 거고 기운으로도 위력을 얻어요.

제가 전에도 말했지만 도와주는 선신이 따라다니면서 항상 보호를 하고 다닙니다. 마음이 착하고 해심이 하나도 없는 사람은 기운이 다 응해줍니다. 지금은 조금 손해가 날지 몰라도 두고두고 보면 위력을 얻게 됩니다.

자기가 손해가 되어야 도와줍니다.

어떤 사람은 초등학교밖에 못나오고 인물도 못나고 그런 제자가 하나 있습니다. 그런데, 세상사람들이 다 좋아해요.

너는 뭘 보고 좋아하냐 하고 물으니, "내가 손해 보니 좋아해요." 그러더라고요.

모든 것에 다 자기가 손해가 가니까 자기를 좋아합니다. 늙고 젊고 간에 남녀노소간에 다 좋아해요. 그것이 위력입니다.

하나라도 등을 돌리면 안 되겠잖아요. "어어, 저 사람이 또 오네." 이러면 어떻게 되겠어요. "아이고, 반가운 사람 온다." 이렇게 돼야 위력을 얻는 것입니다. 그러려면 정신, 육신, 물질로 항상 베푸는 사람이 되어야 합니다. 그래도 잘 살게 되어 있어요.

여의도 회장님이 돌아가신 양산 법사님 보고 무슨 사업을 하는데 이야기를 하게 됐나 봅니다.

양산 법사님 말씀이 "절대로 안 걸리려면 세금을 제대로 내라. 정부에서 아무리 세무조사가 나와도 네가 세금을 제대로 내면 안 걸린다." 그러셨답니다.

이러나 저러나 다 두고 갈 거 아니에요? 그런데 세금을 포탈하면서까지 그럴 것 뭐 있나요. 그래서 네가 나라에 큰 일을 한다고 생각하고 한푼도 포탈하지 말고 세금 내라고 하셨답니다.

그래서 4년 전에 미국에 올 때, 저하고 같이 오기로 했는데요.

"저는 못 가겠습니다." 하기에 그 이유를 물으니 세무 감사가 나왔다는 것입니다.

거기서 하나도 안 걸렸어요. 아시겠어요? 그것이 위력이 아니에요? 요즘 같이 뇌물을 줄 것도 없어 자기 정당하게 나가면 뭐 하려고 뇌물을 써요.

원불교도 사무감사가 나오는데 얼른 사무감사가 나왔으면 좋겠습니다. 교무가 이렇게 힘들게 사는데. 원불교 사무감사가 나오면 나올수록 좋잖아요. 공금을 한푼이라도 횡령을 했어야죠. 바르게 살았는데 뭐가 겁이 납니까?

사람을 볼 때, 그 사람이 처음에는 그렇지 않았는데 두고두고 보니까 괜찮거든요. 이 말을 들을 때 이미 위력을 얻은 사람입니다.

사회에서 어떤 표창장을 얻은 사람을 보면 10년을 숨어서 일한 사람입니다. 1, 2년 해서는 표창을 못 받죠. 어떤 순경도 늘 동네사람 도와주는 일을 10년 동안 했습니다. 어떤 우편배달부도 10년 동안 그 농촌 두메산골에 배달하면서 다 갖다 주고 심부름을 다해요. 그렇게 10년이 넘어야 표창장을 받더라고요.

큰 논에 젓가락만한 생수가 터져 밤새도록 흘러오면 그 물이 맑아집니다.

나 하나 잘 하면 뭔 소용이여. 세상이 다 썩었는데. 그렇게 되어서는 안돼요. 자기 마음을 지키라고요.

자기 마음을 원만하게 수호하고, 아는 것도 원만하게 알고, 실천도 원만하게 하면 10년만에 20년만에 30년만에 또는 죽고 난 후에라도 드러나요.

요즘 윤봉길 의사가 나오더라고요. 그 사람 공로가 이제 나타납니다. 그 분 죽은 지가 50년이 넘었잖아요. 이게 위력을 얻는 거예요.

법신불 위력을 목탁 치고 앉아서 도와주시오 한다고 얻어지는 게 아니에요.

천지 부모 동포 법률, 이 사은에 대해서 항상 보은 감사생활을 하면 위력을 얻게 됩니다.

늘 남이 잘 되라고 빌어 보세요

정몽주가 해사라는 뱀을 보았어요, 그 뱀을 본 사람은 1년안에 죽는답니다. 그 뱀 눈에 띄는 사람은 그 해 죽는대요. 그런데 정몽주가 그 뱀을 죽였어요. 왜 죽였냐?

"다른 사람이 볼까 싶어서. 나는 그 뱀을 봐서 죽어서 다행이지만 다른 사람 눈에 띄어서 다른 사람이 죽으면 어떻게 할 거냐." 그랬답니다.

요즘 사람들 중에 간혹 자기가 원하는 대로 안되면 천지에 난리가 났으면 좋겠다는 사람이 있어요. 저만 망하기 억울하니까 세상 사람들이 다 망하게 세상에 난리가 났으면 좋겠답니다. 그렇게 되면 어떻게 되겠어요.

물귀신 작전이라는 것 알아요? 물귀신은 자기 대신 뭐 하나 집어넣어야 나온답니다. 신문이나 방송에서 익사 사건을 봐보세요. 꼭 거기에 들어간 사람은 죽지요. 거기에서 물에 빠진 사람 건져놓고 자기는 죽었어요. 그것이 물귀신이에요.

나도 살고 저 사람도 살고 그래야 되는데 자기도 죽고 나도 죽고 그러면 어떻게 되겠어요. 그렇게 하면 안 됩니다. 나는 어떻게 될지언정 다른 사람은 살아야 되지 않겠나요.

여러분, 천지영기아심정이 뭐예요?

한국전쟁 때 9·28 수복 후, 국군과 유엔군이 북진하고 있는데, 중공군이 막 밀고 내려 왔잖아요

정산 종사께서 '큰 일 났다.'고 하셨죠. 그래서 정산 종사님은 조실에서 기도하고 대중은 전부 대각전에서 기도하라고 했어요. 우리야 기도한다고 땅만 쳐다보느라 안 봤지만 응산 선생이 조실을 쳐다보니까 조실에서 큰 서기가 나와서 북쪽으로 오다가 접혀지더랍니다.

"법사님, 무슨 일입니까?"

"음, 이 사람들이 과천까지 오고 갈 것이다."

영주하고 청정주는 한국전쟁 때 정산 종사님께서 내놓은 주문입니다.

조상호라고 하는 교도가 체육부장관인데 88올림픽 유치를 앞두고 대산 종법사님한테 가서 "이번에 올림픽을 꼭 유치하고 와야할 터인데 어떻게 할까요?" 하고 여쭈니까,

"음, 천지영기아심정을 해라." 그러셨답니다.

여기 출발할 때부터 비행기를 타면서 잠자고 밥 먹는 시간을 빼고는 천지영기 아심정을 하는 거예요. 88올림픽 그냥 된 것 같지요. 대산 종사님 염원까지 다 응한 것입니다. 사람 몸은 안 가도 기운은 다 간 거예요.

대산 종사님께서는 사람들이 노태우 씨가 군 출신이니까 대통령 되는 것을 다 싫어했을 때, "이번에는 올림픽을 잘 치르는 사람이 해야한다. 올림픽을 잘 치러야 한국이 세계에 드러난다."고 말씀하셨어요.

그 뒤 제가 유럽을 가지 않았습니까. 12명이 회갑기념으로 갔는데 흰 저고리에 검은 치마 입고 죽 섰으니까. 어느 나라에서 왔고 무슨 일을 하는 사람들이기에 이렇게 똑같은 옷을 예쁘게 입었느냐고 묻더라고요. '코리아, 서울 올림픽.' 그러니까 그 사람들이 알아듣더라고.

인도도 갔지요. 우리가 비행기를 타려고 줄을 서고 있는데 자꾸 나오래요. 잡아가려나 싶었는데 우리부터 가래요. 그 비

행기표 검증하는 사람이 보니까 코가 어떻게 생기고 눈이 어떻게 생기는지 잘 안보이는가 봐요. 흰 저고리에 검은 치마가 깨끗한가봐. 우리는 올림픽 지내고 난 뒤 그런 대우를 받았어요. 그 동안은 한국이 어디에 붙었는지 몰랐는데, 올림픽 지내고 나니 세계 사람들이 다 알아요.

대산 종사님께서 기도를 하신 뒤 외출하고 돌아오면 당신(대산 종사님) 몸이 안 되니 손만 일원상을 그리셨습니다. 하와이 갔다 오신 뒤로는 그것을 안 하시더라고.

일원상을 그리면서 기도를 하셨어요. 대산 종법사님께서 이렇게 세 개를 한 것은 세계가 일원화되라고 한 것입니다. 원불교 일원화가 되면 이 세상이 낙원세계가 될 거 아니에요?

우리 교리가 세계를 낙원세계 만들기 위해서 만들어 놓았는데 교도들 스스로가 마음에 미운 생각 일어나도 원만하게 수호하고, 내 마음을 원만하게 알고, 원만하게 사용해야지요.

일원상 서원문은 바로 이런 서원을 세우라는 거예요.

내가 일원상의 체성에 합하고 일원의 위력을 얻도록 까지 서원합시다.

여기에 세탁소 경영하는 사람이 많지요. 옷 한 가지라도 내 가족이 입는다고 생각하고 구석구석 꿰매주고 구석구석을 다 손봐주면 그 집에 또 올 것 아닙니까?

항상 세계 인류가 내 가족입니다.

법사님께서 한 학생이 일등 한 것을 좋아하지 않았어요. 혼자 일등하지 말고 같이 이등 하래.

여러분, 나 혼자 잘 산다고 살겠어요? 이 세상이 평화가 되어야 잘 사는 것입니다. 세상이 편해야 나도 편안한 것입니다.

이제 쓰레기를 함부로 버리면 한강 물이 더러워지고 그 나쁜 물이 내게 온다는 것을 상식적으로 알아요.

어디에서 지진이 나도 우리만 괜찮으면 되지 하고 생각하지만 그것이 그렇게 되는 것이 아닙니다. 세계 전체가 다 안락한 세계가 되어야겠지요? 그것을 우리가 염원해야 됩니다.

이웃이 좋아야 되고 나라가 좋아야 되고 내가 사는 세상 전체가 좋아야 되고 지구상 전체가 다 좋아야 되지, 나만 좋아지면 어떻게 살겠어요?

그래서 늘 기도문을 보면 가슴에 와 닿죠. 우리 기도문이 세계평화, 도운융창 그거 아니에요? 기도문에 내 아들만 잘 되게 해 달라고 해야 하는데, 세계평화 남북통일 하니까 이게 와 닿지 않는 거예요. 그렇지만 남북통일이 되고 세계평화가 되어야 여러분이 편하지요.

지난 9월 11일에 비행기가 날아가 빌딩 때려부수고 하니 힘들잖아요? 그러니까 옆이 다 잘 되고 세계가 평화롭게 되어야 합니다. 그런 마음을 먹는 사람은 위력을 얻게 됩니다.

이제 일원상 서원문 끝내요.

원불교 기도문이 '○○씨, 잘 되게 해줘요.' 이런 게 아닙니다.

편지를 써도 교당 두루두루 다 괜찮다고 쓰라는 겁니다

일원은 사은입니다. 사은 전체가 다 잘 되어야 나도 편하고 자기도 편하고 그런 마음을 가진 사람은 항상 선신이 따라다니고 도와줍니다. 혹 사람은 몰라도 진리는 알아줍니다.

일원의 체성에 합하도록 까지 삼학 공부를 해야 하고 위력을 얻도록 까지 사은에 불공을 해야 합니다.

무시선 무처선이 일원의 체성에 합하는 표어예요. 처처불상 사사불공은 사은의 위력을 얻도록 까지 하는 표어입니다.

큰 일 난 뒤에 가슴을 쳐봐야 소용없습니다. 마음으로 이 세계가 잘 되기를 늘 염원하고 이웃이 잘 되기를 늘 염원해야 하지요. 남이 잘 되라고 늘 빌어보세요.

시타원 심익순 법사 설법집 1

일원상 서원문
이 밖에서 구하지 말게

2003년 2월 9일 인쇄
2003년 2월 15일 초판 발행
2007년 10월 30일 재판 발행
설 법 / 심익순
엮은이 / 나상호
펴낸이 / 김영식
펴낸곳 / 원불교출판사
출판등록 1967. 7. 1 제7호
익산시 신룡동 344-2
전화 (063)854-0784 FAX 853-3324
값 9,000원